Soyez persuasif

Les mots qui touchent

Groupe Eyrolles
61, bd Saint-Germain
75240 Paris Cedex 05

www.editions-eyrolles.com

Du même auteur

Comment gérer efficacement son supérieur hiérarchique, Dunod.
Comment gérer intelligemment ses subordonnés, Dunod.
www.mes-liqueurs.net
vieillir.pagesperso-orange.fr

Chez le même éditeur

Lothar J. Seiwert, *Prendre son temps pour en gagner*
Sarah Famery, *Savoir et oser dire non*
Sarah Famery, *Avoir confiance en soi*
Sylvie Grivel, *Être soi dans ses relations*
Philippe Lebreton et Marie-Claude Nivoix, *L'art de convaincre*
Guyette Lyr, *Oser s'exprimer*
Catherine Cudicio, *La PNL*
Pierre Rataud, *S'organiser au quotidien*
Jean-Yves Fournier, *Désamorcer les conflits relationnels par l'Analyse Transactionnelle*
Bernard Diridollou, *Manager son équipe au quotidien.*

Ce livre a fait l'objet d'un reconditionnement à l'occasion de son troisième tirage (nouvelle couverture, nouvelle maquette intérieure). Le texte reste inchangé par rapport au tirage précédent.

ISBN : 978-2-212-55982-8

Guy Desaunay

Soyez persuasif

Les mots qui touchent

Troisième tirage 2014

EYROLLES

« Il n'est resté de l'histoire des Piazes et des Brouilles
que l'expression : " Embrouille-moi que je t'empiaze ",
laquelle signifie à peu près : lorsqu'on se trouve
dans une situation donnée et que l'on craint
les commentaires d'autrui, il faut agir
de telle sorte que chacun, non seulement revienne
sur son jugement, mais encore proclame
spontanément le contraire.»

PINGET Robert, *Graal Flibuste*.

Sommaire

**PARTIE II – LA MISE EN FORME
DE L'ARGUMENTATION PERSUASIVE**

Introduction

Qu'est-ce qu'être persuasif ?

Être persuasif consiste à utiliser un certain nombre de moyens pour que l'autre prenne à son compte, intériorise, des idées ou des sentiments qui le mèneront à une action. L'achat auquel vous procédez lorsque la publicité vous a persuadé de la nécessité de posséder tel ou tel produit en est un bon exemple.

Traditionnellement, c'est « le pouvoir de persuader par ses discours, les juges au tribunal, les sénateurs dans le conseil, les citoyens dans l'assemblée du peuple et dans toute autre réunion qui soit une réunion de citoyens. » (Platon)[1] Et dans ce cas, l'on utilise essentiellement des arguments répertoriés comme tels.

Mais dans d'autres cas, pour atteindre son objectif, l'on utilisera de tout autres moyens. Et l'idée même d'argumenter sera absente tout au moins consciemment. Il est rare, par exemple, de se livrer à une argumentation en règle lorsque l'on recherche une relation intime. Pascal le dit fort justement : « On ne prouve pas qu'on doit **être aimé en exposant d'ordre les causes de l'amour. Cela serait ridicule.** »[2] Et l'on sera persuasif par le fait d'être jeune, beau, riche, intelligent, etc. Dans le fait d'être persuasif, la personnalité joue ainsi un rôle actif.

Être persuasif et persuader sont donc deux modes différents. L'un relève de l'être et l'autre du faire. Dès l'âge de vingt ans, ce qui relève de l'être n'est plus guère modifiable. Ce qui relève du faire

---

Voir notes en fin d'ouvrage.

peut en revanche être singulièrement amélioré. Et l'un rejaillit sur l'autre. Si vous ne mentez jamais, vous passerez pour avoir une personnalité fiable. Si vous faites des sourires, vous passerez pour être souriant et donc aimable. Si vos arguments sont ciblés, logiques, tout en comportant la part d'affectivité nécessaire, vous passerez pour être persuasif et vous en serez effectivement plus persuasif.

Supposons, par exemple, que vous vouliez créer une start-up dans un domaine touchant Internet. Il vous faudra recruter quelques amis ayant les compétences nécessaires. Pour les convaincre de tenter l'aventure avec vous, ce sont vos propres compétences et votre personnalité qui vous seront utiles. Pour emprunter un peu d'argent à vos parents, le seul fait d'être leur enfant sera un argument probablement suffisant. En revanche, pour qu'un banquier assure vos investissements, vous devrez lui présenter un business-plan solide, qui lui prouve que vous avez un produit, un marché, un fonds de roulement, etc. et la prévision de bénéfices substantiels.

Autrement dit, vous n'emploierez pas les mêmes modes opératoires. Vos capacités relationnelles, si elles sont un argument pour vos futurs collaborateurs, le seront beaucoup moins pour votre banquier. Et vis-à-vis de vos collaborateurs, vous n'aurez même pas à en faire état. Ils vous connaissent et c'est votre personnalité même qui sera convaincante. À plus forte raison pour vos parents. Supposons maintenant que vous vouliez créer et faire vivre votre site Internet. Quel que soit le thème retenu, vous serez confronté au problème d'intéresser votre visiteur et donc de l'amener à cliquer sur les liens que vous proposez pour regarder l'ensemble du contenu de votre site. Or un internaute surfe facilement et il vous faudra le retenir. Indépendamment de l'intérêt du contenu, les qualités esthétiques de la présentation, le confort du visiteur (lisibilité, interactivité, etc.) seront des éléments clés. Ce n'est plus ce que vous êtes, ni même ce que vous écrivez qui seront le plus convaincants, mais votre capacité à vous mettre à la place de votre visiteur, à anticiper ses réactions, à répondre à ses attentes, qui sera primordiale.

On voit que chaque situation demande une réflexion différente et plus ou moins approfondie selon les cas, quasi nulle pour convaincre vos parents, qui vous sont attachés, très technique vis-à-vis de votre banquier, très psychologique vis-à-vis des visiteurs de votre site, qui eux sont très volages.

Argumentation naïve et argumentation construite

Persuader est une activité extrêmement générale et nous passons notre vie à tenter de convaincre d'autres personnes. Nous voulons être recrutés, obtenir une augmentation de salaire, bénéficier de tel avantage, qu'un enfant fasse telle chose, être aimés de telle personne.

Mais, le plus souvent, les moyens utilisés sont des moyens naturels, c'est-à-dire auxquels nous n'avons peut-être pas suffisamment réfléchi. Seuls, ou à peu près, les hommes politiques, les publicitaires et les vendeurs ont, dans ce domaine, de véritables stratégies.

Malheureusement ces stratégies ne sont pas transposables facilement. Les politiques œuvrent dans un domaine où l'affectivité et les intérêts égoïstes l'emportent largement sur l'intellectuel. Obligés à tenter de convaincre tout le monde, ils utilisent des arguments qui « ratissent large ». Les publicitaires comptent essentiellement sur la répétition, et utilisent des moyens dont le coût est hors de portée d'un amateur. Les vendeurs, bien qu'ils s'en défendent, visent le court terme : « arracher la vente », au détriment du long terme, alors que dans les familles et les entreprises, les relations avec autrui sont évidemment de longue durée. Mais tous gardent un avantage : ils réfléchissent à ce qu'ils font.

Convaincre est quelque chose de difficile, nous le savons de reste, par le nombre d'échecs que nous subissons dans ce domaine, en les attribuant le plus souvent à la mauvaise volonté d'autrui, au fait qu'il comprenne mal ses intérêts ou même à des blocages psychologiques, tels que le refus du changement ou la mauvaise foi.

L'analyse de ces échecs montrerait pourtant, le plus souvent, qu'ils sont dus au fait que nous n'avons pas assez réfléchi aux moyens à employer et surtout à l'adéquation des moyens employés et de la personne à convaincre.

En effet, ce qui rend difficile de convaincre quelqu'un, c'est que la conviction est, à chaque fois, personnelle. Autrement dit, ce qui peut convaincre quelqu'un n'est pas ce qui peut convaincre une autre personne. Pour vous « convaincre » de cette idée, pensez à l'extrême diversité des choix politiques, des goûts esthétiques et des choix de conjoints !

Pour faire naître cette conviction, qui, répétons-le, est, pour une large part, un sentiment, il faut donc utiliser des moyens qui soient centrés sur l'individu à convaincre. L'argumentation et sa présentation doivent être ciblées le plus précisément possible. D'ailleurs, un argument non ciblé, non seulement ne convainc pas, mais peut faire naître un sentiment contraire à celui souhaité. Dans ce domaine, les erreurs peuvent se payer très cher.

L'autre difficulté tient au fait que nous nous préoccupons plus de ce que nous allons dire que de l'impact de ce que nous allons dire. Plus précisément, nous nous occupons trop des arguments et pas assez du message que nous voulons transmettre.

De plus, nous ne travaillons généralement pas assez la présentation de ces arguments et de ce message : clarté, lisibilité, dans certains cas simplicité. Être clair pour soi est déjà difficile. L'être pour autrui l'est encore plus.

Enfin, nous choisissons les supports (écrit, verbal, figuré, dessiné) plus en fonction d'habitudes ou de contraintes extérieures qu'en fonction de la psychologie des individus visés et du type de message à transmettre.

Une réflexion dans ces domaines doit permettre d'être beaucoup plus efficaces que nous ne le sommes habituellement. Reste que convaincre est une activité difficile où le succès n'est jamais totalement garanti.

Argumentation, démonstration et publicité

Dans l'art de persuader, le XXe siècle a introduit une nouveauté radicale. Le journalisme, écrit ou télévisuel, mais surtout la publicité ont produit une césure avec leur style très ramassé, à tel point que plus personne ne se donne pour orateur et que sans doute les députés, qui font tant de discours, prendraient pour injure d'être considérés comme tels. Quelques avocats encore font des effets de manche mais l'expression dit bien ce qu'on en pense.

Une autre coupure s'est produite avec l'épanouissement scientifique. Des domaines qui, naguère, faisaient encore partie de la philosophie et étaient donc sujets à argumentation, tels que la logique ou la psychologie, font désormais partie de la science et sont dès lors sujets à démonstration. D'autres, telle la théologie, sont réservés à de rares spécialistes.

Et les deux domaines, scientifique d'une part, et quotidien de l'autre, utilisent désormais des argumentations qui n'ont plus rien de commun. L'expérimentation scientifique obéit à des règles spécifiques rigoureuses ou à des démonstrations mathématiques qui ne souffrent pas le moindre écart. Dans le quotidien, qui comprend aussi bien les relations avec autrui que la politique, la philosophie et autres « sciences molles » (qui n'ont rien de scientifique), on se contente en revanche d'arguments dont le peu de rigueur est souvent affligeant. L'argumentation courante est de moins en moins logique et l'usage d'un syllogisme, donné comme tel, ridiculiserait son auteur. On compte plus sur la répétition, comme la publicité le fait par son « matraquage ».

L'art de convaincre est donc en train de se renouveler peu à peu, dans son style oral ou écrit. Il subit par ailleurs une innovation radicale par le rôle de plus en plus important joué par l'image. La publicité télévisée n'a plus rien à voir avec l'argumentation au sens strict. Elle joue massivement sur un procédé de contamination, contre lequel il est difficile de lutter étant donné le kaléidoscope qui résulte de la brièveté des plans.

Pour une autre part, qui est la psychologie humaine, les choses, en revanche, n'ont guère changé depuis deux mille ans.

Technique ou morale ?

Depuis l'Antiquité, le débat sur l'art de convaincre est obscurci par une confusion entre l'aspect technique et l'aspect moral. On s'est rapidement aperçu que des arguments tout à fait détestables sur le plan moral pouvaient être de bons arguments sur le plan technique, tout simplement parce qu'ils étaient parfaitement convaincants, tout au moins vis-à-vis de certains publics.

Il en est de même sur le plan intellectuel, et des arguments illogiques sont également tout à fait convaincants vis-à-vis de certains publics ou à certaines époques ou dans certains contextes. La publicité en donne un exemple remarquable, car elle emploie peu d'arguments au sens strict du terme, et quand elle en emploie, ces arguments sont le plus souvent très contestables sur le plan intellectuel et relèvent de la pensée magique.

Cependant, et bien que les publicitaires eux-mêmes ne sachent pas trop si la publicité est efficace, c'est-à-dire si elle fait vendre, elle est devenue un modèle extrêmement prégnant et inspire de plus en plus de « communications » et particulièrement la communication politique. Discutable sur un plan civique, car elle forme une contrepédagogie en inculquant aux enfants des schémas illogiques, elle peut cependant servir de modèle quant à sa capacité à convaincre.

Dans cet ouvrage, nous oscillons entre ces deux aspects. Nous démontons des arguments qui nous paraissent contestables en nous efforçant de montrer en quoi ils sont discutables, mais nous avouons aussi que dans ce domaine l'efficacité est primordiale et que bien des mauvais arguments sont aussi de bons arguments. L'art de convaincre est pour une part une technique et, comme toutes les techniques, elle est neutre, mais peut être mise au service du meilleur comme du pire. « C'est donc celui qui en use mal qui mérite la réprobation, l'exil ou la mort. » (Platon)[3]

Les exemples donnés

Nous devons des excuses aux auteurs cités. Nous avons épinglé ce qui nous a paru des erreurs, mais à chaque fois, il s'agit d'un point qui ne met pas en cause la totalité de l'article ou de l'ouvrage, et encore moins l'auteur.[4]

On pourra d'ailleurs s'amuser à relever dans cet ouvrage des erreurs encore plus condamnables.

Nous avons cité plus d'erreurs que de modèles. Mais dans certains cas, le lecteur hésitera en se demandant si nous parlons de l'un ou de l'autre, et il aura raison car beaucoup d'erreurs sont aussi des modèles lorsqu'elles sont convaincantes. Cela choquera ou amusera ou sera utile. À chacun de choisir.

Partie I

La construction d'une argumentation persuasive

Chapitre 1

Ayez un message ciblé

Partez du récepteur

La seule argumentation efficace est une argumentation centrée sur la psychologie de l'individu à convaincre. Il est commode de se le représenter comme un récepteur, par exemple, un récepteur radio. Si vous n'êtes pas sur la bonne longueur d'ondes, votre récepteur ne recevra qu'un vague bruit.

N'oubliez pas que dans les relations professionnelles, on ne peut, le plus souvent, utiliser la répétition. Vous êtes condamné à être efficace avec quelques passages de votre message. Lors d'un entretien de recrutement ou d'évaluation, vous n'aurez même droit qu'à un seul passage.

Un argument ou un ensemble d'arguments doivent donc être centrés sur la psychologie particulière de l'individu à convaincre, de sorte qu'il ait le sentiment de s'être convaincu lui-même en quelque sorte : « On se persuade mieux pour l'ordinaire par les raisons qu'on a trouvées soi-même, que par celles qui sont venues dans l'esprit des autres. » (Pascal) [5]

Bien que souvent mal exploitée, l'idée est fort ancienne, et la rhétorique d'Aristote est d'abord un traité de psychologie qui recherche les arguments convaincants pour tel ou tel caractère.

« Vous aimez le peuple, c'est convenu ; mais pour lui parler à propos, il faut de plus le bien connaître, savoir ses qualités, ses défauts, ses tendances, ses passions, ses préjugés, sa manière de saisir les choses ; en un mot, il faut savoir son peuple par cœur. » (I. Mullois)[6] Le ton est un peu condescendant, mais ce prédicateur a bien saisi la question.

Une autre image commode est de se représenter celui auquel on s'adresse comme une cible. C'est d'ailleurs ce mot de cible qu'utilisent les publicitaires pour désigner leur public.

- Au cœur de la cible, nous mettrons les fantasmes inconscients qui gouvernent notre affectivité et donc une part importante de notre personnalité. Ces fantasmes sont de l'ordre du désir et de la peur. Désir d'être aimé, désir du pouvoir sur autrui, de la richesse, de la considération, des honneurs. Peur de l'abandon, de la solitude, du rejet, de la mort. Ces fantasmes sont d'autant plus puissants, qu'étant largement inconscients, ils nous gouvernent sans que nous le sachions et sans que nous songions donc à nous défendre contre eux.

- À un niveau un peu plus extérieur, nous placerons tout ce qui relève de l'affectivité, c'est-à-dire des sentiments : là aussi désirs et peurs, envie, jalousie... Ces sentiments sont généralement plus conscients que les précédents.

- Au troisième niveau, tout ce qui relève de la relation avec autrui et particulièrement ce qui touche à la comparaison avec autrui : être comme les autres, mais avoir un peu plus que les autres.

- Enfin, à l'extérieur, tout ce qui est proprement intellectuel et s'adresse à notre raison.

Ce que nous venons de dire ne fait que reculer le problème, puisque nous sommes renvoyés de l'argumentation à la psychologie. Pour une part, la psychologie est un domaine complexe et confus (ce n'est pas encore une science), mais pour une autre part, elle est à la portée de tout un chacun, car chacun dispose d'un modèle psychologique qu'il connaît bien (plus ou moins bien), lui-même. Cependant, ce modèle n'est valable qu'à 50 %, pour ce qui est commun à presque tous les êtres humains. Pour l'autre 50 %, chaque individu réagit de façon très personnelle. Ce sont ces réactions personnelles qu'il faut donc pénétrer, si l'on veut être efficace. Heureusement chacun laisse percer une partie de lui-même dans ce qu'il dit ou ce qu'il fait. Lorsque l'on veut connaître les particularités psychologiques de quelqu'un, le plus simple est donc :

> d'écouter ce qu'il dit ;
>
> d'observer ce qu'il fait, actes, gestes...
>
> d'observer ce qu'il veut paraître : habillement, décor...

en essayant de pénétrer le sens profond de ces indicateurs. On sera rapidement étonné de la moisson de renseignements que l'on peut ainsi recueillir.

Car ce qui limite le plus notre connaissance d'autrui c'est le fait que nous ne l'écoutons pas et que nous ne l'observons pas, par paresse et aussi parce que nous avons l'impression que si nous écoutions réellement, cela remettrait en cause nos *a priori*.

S'oublier, se décentrer, est donc une opération nécessaire, car spontanément, on est beaucoup trop centré sur soi. L'erreur la plus fréquente est de prendre son problème comme argument pour autrui. Dire que vous êtes pressé, à la police de la route, lorsque vous êtes arrêté pour excès de vitesse, exprime certes votre problème, mais ne peut en aucun cas servir d'argument vis-à-vis du policier. Au contraire, cela ne fera que justifier, à ses yeux, la mesure qu'il va prendre. L'exemple peut paraître outrancier, mais c'est en fait ce que nous faisons à longueur de journée. Cela tient à la raison qu'absorbés par notre problème, nous sommes incapables d'en sortir pour construire une argumentation centrée sur l'autre. Il est donc nécessaire d'examiner de façon très critique ce que nous dirions spontanément.

Il faut ensuite se centrer sur l'autre. En effet, un fait, une statistique, une démonstration ne deviennent un argument que lorsque la personne à convaincre se sent « concernée ». Pour qu'une personne se sente concernée, il faut faire deux choses apparemment contradictoires :

partir de son univers ;

le faire sortir de son univers.

Partez de l'univers de votre cible

Pour un individu quelconque, quelque chose n'a de sens que s'il peut lui donner du sens en partant de son stock propre de connaissances, de règles, de principes et de valeurs (ce à quoi il croit et qui gouverne sa morale et sa politique). Si ce qu'il possède peut donner du sens à la nouveauté, alors il l'intégrera à son propre stock, sinon, ou il l'oubliera ou il le rejettera immédiatement.

Cela est nécessaire, mais non suffisant. En effet, dans de nombreux cas, on peut être convaincu intellectuellement sans que cela se traduise par un comportement ou une action. Pour que la conviction soit suffisamment forte pour changer les comportements, il faut amener chez l'individu un minimum de réorganisation de son système intellectuel, mais surtout de son système de valeurs. Cette réorganisation ne peut se faire que si l'individu passe d'abord par une phase de déstabilisation.

Cette déstabilisation peut se faire en utilisant le désir. Désirer, c'est s'apercevoir soudainement que quelque chose vous manque. C'est, plus profondément encore, raviver un sentiment de manque toujours présent, lié aux frustrations que nous avons vécues, réellement ou imaginairement. Bien que la plupart des individus se sentent équilibrés et complets, il est clair qu'ils sont surtout toujours en train de courir vers cet équilibre et cette plénitude, preuve que le sentiment de manque est toujours présent.

Si vos arguments permettent momentanément, à l'individu que vous voulez convaincre, de réacquérir le sentiment de plénitude, il intégrera ces arguments et agira. Le phénomène est particulièrement net lorsqu'il s'agit de complétude par l'achat d'objets (l'avoir étant un supplément d'être), mais il est tout aussi vrai lorsqu'il s'agit « d'acheter » une idée ou une valeur.

Faites sortir votre cible de son univers

C'est donc le désir qui va faire sortir l'individu de son univers c'est-à-dire de ses structures mentales. Pour l'en faire sortir, il faut qu'il en ait envie, c'est-à-dire qu'il y trouve un avantage.

En d'autres termes, il faut montrer qu'il y a adéquation entre ce que l'on propose et le désir toujours sous-jacent. Attention, si « le désir » est toujours présent, il peut s'incarner de façon différente selon les individus.

> **Convaincre c'est faire effectuer
> une réorganisation mentale,
> en utilisant le désir comme outil
> de cette réorganisation**

Cet outil « désir » est si puissant que dans nombre de cas, il suffit de donner à autrui l'occasion de réaliser son désir pour qu'il y succombe de lui-même. C'est la notion même de piège. Les souris tombent dans des pièges parce qu'elles aiment le fromage : il suffit de leur en présenter. Cet exemple étant trivial, nous en donnerons deux autres historiquement célèbres.

Le premier concerne l'engagement de la bataille de Salamine. Les Perses avaient envahi la Grèce avec des armées dont la taille, même à notre époque, reste impressionnante. Battus sur terre, les Grecs ne disposaient plus que de leur armée de mer. Le rapport de force était là aussi inégal, mais les Grecs, excellents marins et guerriers, plus motivés que les Perses ou leurs alliés, pouvaient cependant espérer une victoire. Très simplifiée, la situation était la suivante. Les Grecs formaient une alliance pleine d'arrière-pensées et n'étaient d'accord sur à peu près rien. Beaucoup penchaient pour une dispersion de la flotte, chacun allant secourir sa ville natale. Le général athénien Thémistocle était persuadé qu'il fallait combattre tout de suite et dans ce détroit de Salamine dont l'exiguïté ne permettait pas à l'immense flotte perse de se déployer à son aise. Il envoie donc un émissaire secret au roi des Perses pour lui faire savoir que les Grecs vont se disperser et qu'il va perdre l'occasion d'une victoire décisive.

Thémistocle mélange intelligemment vérités et mensonges. Surtout, il spécule sur le désir du roi des Perses de remporter une grande victoire, de vaincre les Grecs et d'apparaître comme le roi de l'univers. Il faut ajouter que Xerxès était passablement mégalomane. Le combat a donc lieu. Les Perses sont battus et Xerxès, peu de temps après, retourne en Perse. Des combats ont encore lieu, mais, pour l'essentiel, la Grèce est sauvée de la domination perse.

De même, lors de la bataille de Trasimène, Hannibal spécule sur le désir d'un consul romain de remporter une victoire glorieuse, l'amène sur le terrain choisi par lui et lui inflige une effroyable défaite. Si ces exemples sont lointains, la psychologie sur laquelle ils jouent reste parfaitement actuelle. Bien des batailles boursières en donnent d'autres exemples.

Ayez un objectif clair

Trop souvent l'argumentation utilisée est peu efficace parce que l'objectif que l'on poursuit, l'idée ou le sentiment que l'on veut faire naître chez l'interlocuteur est insuffisamment défini ou que l'on en poursuit deux à la fois, surtout s'ils sont contradictoires.

Définissez votre message

Un ensemble d'informations, de faits, de chiffres, d'idées forme un stock avec lequel on pourra construire un ensemble d'arguments. Mais ni ces informations, ni ces arguments ne forment un message.

Prenons l'exemple d'une réunion électorale, qui a l'avantage de la simplicité, sinon du simplisme (simplisme quasi obligatoire, car la cible est peu définie) :

Idées	Message
Le rang de la France La solidarité nationale La mondialisation L'Europe	Votez pour moi

**Le message, c'est ce qui restera dans la tête
de votre interlocuteur lorsqu'il aura oublié
tout ce que vous avez dit**

Exprimé autrement :

**Le message, c'est la mise en forme de vos objectifs,
pour autrui**

Le premier travail, lorsqu'on veut convaincre autrui, est donc un travail sur soi-même qui va consister à s'interroger sur son objectif, qui sera le moule du message.

Reliez votre message et votre cible

Une des erreurs les plus fréquentes, nous l'avons dit, consiste à prendre son problème à soi comme un message pour autrui. D'où le classique : *Aidez-moi*, qui généralement n'intéresse personne, la plupart des individus étant centrés sur leur problème à eux. Le marketing l'a parfaitement compris, d'où cet envahissement de publicités où fabricants et commerçants se proclament au service du public : *Nous vous aidons*.

Contre-exemple. Utilisant des lecteurs optiques pour trier le courrier, La Poste lance une publicité sur le thème des enveloppes à cases pour y inscrire le code postal. Très bien. Malheureusement, les enveloppes de réexpédition du courrier mises à la disposition du public par La Poste ne comprennent pas ces fameuses cases. Il serait pourtant bon que l'exemple vienne de celui qui fait la recommandation.

Par ailleurs, le slogan de La Poste : *L'enveloppe à cases, Elle facilite votre courrier,* n'est pas très heureux. Tout le monde sait que cela facilitera le travail de La Poste. Autant le dire. La plupart des usagers ne demandent pas mieux que d'aider La Poste. Le message était simple : *Aidez-nous*. Un manque de réflexion sur la cible a fait modifier le slogan en : *Nous vous aidons,* ce qui risque d'agacer certains. Suivant les cas, donc, le message doit être pris comme le support même de l'argumentation, ou laissé dans l'ombre ou soigneusement travesti. Cela dépend à la fois des réactions prévisibles de la cible et du stock d'arguments dont on dispose.

Chapitre 2

Recherchez des arguments convaincants pour votre cible

> *« Les miracles sont nécessaires,*
> *à cause qu'il faut convaincre l'homme entier,*
> *le corps et l'âme. »*
> PASCAL, *Pensées.*

Construire une argumentation, c'est, en fonction d'un objectif précis, d'où découle un message clair, choisir un ensemble d'arguments qui seront organisés suivant une stratégie. Dans un premier temps, nous verrons donc les types d'arguments possibles, puis nous parlerons de leur organisation dans une visée stratégique.

On peut distinguer très schématiquement cinq types d'arguments :

- ceux de type intellectuel ;
- ceux de type affectif, auxquels on peut rattacher la sexualité ;
- l'autorité ;
- la violence ;
- le bon sens.

Cette distinction classique, commode pour l'exposé, ne recouvre cependant pas vraiment la réalité, car beaucoup d'arguments apparemment intellectuels touchent d'abord l'affectivité de l'auditeur ou du lecteur. Quant aux arguments de bon sens, s'ils empruntent leur évidence à la sphère intellectuelle, ils s'adressent évidemment à l'affectivité. Enfin, l'utilisation de la violence, sous une forme ou sous une autre, joue sur la totalité de l'être humain, physique compris.

Par ailleurs, les arguments intellectuels ne sont pas, hélas! souvent, les plus convaincants, mais ils doivent toujours former l'ossature d'une argumentation, si l'on veut que le public ait le sentiment qu'on le prend au sérieux, condition nécessaire pour faire passer un message. Il faut ajouter que la plupart des individus ne sont pas stupides et que, de plus, ils ne veulent pas passer pour stupides.

Il ne faut donc pas faire l'erreur qui consisterait à n'utiliser que des arguments intellectuels devant un public de haut niveau ou de spécialistes et des arguments affectifs devant un public de plus faible niveau intellectuel ou qui ne connaît rien au sujet traité. Les intellectuels, ou les spécialistes, ont la même affectivité que les autres. Celle-ci a ses exigences et sa capacité à influencer ou à obscurcir les plus belles intelligences. Nous en verrons par la suite de savoureux exemples.

Arguments intellectuels de type scientifique

Les arguments intellectuels doivent toujours, nous l'avons dit, former l'ossature formelle d'une argumentation.

«J'ai déjà dit plusieurs fois qu'il y a trois moyens d'amener les hommes à notre sentiment: les instruire, leur plaire, les toucher. De ces trois moyens, un seul doit être avoué: il faut paraître n'avoir comme objet que d'instruire. Les deux autres seront répandus dans tout le discours comme le sang l'est dans le corps... » (Cicéron) [7]

L'argumentation la plus affective (jouant sur la peur), portant sur des éléments affectifs (l'assurance-vie, par exemple), doit toujours apparemment reposer sur des faits, des statistiques, des démonstrations logiques, etc.

Si l'on a affaire à un public très exigeant et dans un domaine très technique, on utilisera surtout des arguments intellectuels, et la réflexion portera essentiellement sur eux. Dans tous les autres cas, ils ne seront qu'un habillage et la construction de l'argumentation portera sur les éléments affectifs. En effet, dès que l'affectivité est en jeu, la plupart des individus sont totalement réfractaires aux arguments intellectuels. Et de plus, ils mettent en jeu de l'affectivité dans des domaines qui, normalement, devraient relever de la seule logique.

C'est ainsi que dans les années 1970, on a beaucoup glosé sur l'autisme, cette maladie mentale si exemplaire de la « folie », comme induite par l'environnement familial et particulièrement par la mère. On a par ailleurs fait de cette maladie une sorte de protestation mentale devant le monde actuel en mélangeant allègrement du politique, du social et du psychologique. Or une étude de l'OMS a récemment démontré que cette maladie se retrouvait presque à l'identique dans des sociétés aux cultures totalement différentes : Europe, Afrique, Asie. Il est donc plus que probable, sinon absolument démontré, que la schizophrénie répond à une causalité physiologique et non psychologique, même si le psychologique et le social ont une part dans ses diverses manifestations. Cela convainquit à peu près tout le monde sauf beaucoup de psychologues et de psychanalystes. [8]

La démonstration de type scientifique

Elle obéit de nos jours à des règles si spécifiques que nous renvoyons sur ce sujet aux ouvrages spécialisés.

L'information chiffrée et les statistiques

Une bonne partie de l'information sérieuse n'est disponible que sous forme de chiffres. Mais pour être crédible, cette information chiffrée doit être présentée de façon compréhensible. Pour ce faire, on se soumettra à quelques règles.

* On évitera par exemple les très grands chiffres sans donner une référence qui permette de les appréhender. Très peu de personnes, par exemple, ont une idée claire de ce que représentent un milliard de dollars ou une année-lumière. Elles n'ont guère plus l'idée claire du coût de construction d'un hôpital, mais rapporter un chiffre à un tel coût donne un ordre de grandeur. Sans compter le fait que la référence à un hôpital (ou un char d'assaut) a une connotation affective qui renforce l'impact du chiffre.

* On utilisera le plus souvent possible les pourcentages qui ont l'avantage de permettre une comparaison facile.

* On évitera les chiffres dont la signification demande de longs calculs. Donner le prix du pétrole en dollars et par barils n'a guère de sens, en raison des variations du cours du dollar et du fait que peu de gens peuvent dire combien il y a de litres dans un baril.

L'utilisation de statistiques doit obéir à des règles encore plus strictes, si l'on veut qu'elles ne soient pas contestées (chacun ayant en mémoire la formule sur les statistiques comme forme raffinée du mensonge).

La règle principale est celle de cohérence :

* même année de référence pour tous les chiffres cités ;

- année de référence non arbitraire (chiffres ronds : 1980 ou date historique : 1945) ;
- même système de modification des chiffres : pourcentages, logarithmes, etc.

Les chiffres doivent être comparables et parlants.

Nous ne pouvons là aussi que renvoyer aux ouvrages spécialisés.

La tendance

L'utilisation la plus fréquente de la tendance est une projection dans l'avenir de la tendance constatée jusque-là. Elle est donc une extrapolation et comme telle, ne peut être prise au sérieux que si l'on peut démontrer qu'aucun élément ne va modifier cette tendance, ce qui est souvent difficile. *Stricto sensu*, la plupart du temps, une tendance ne démontre rien. Mais elle « montre » admirablement.

La conceptualisation

Le fait que la langue dispose de mots qui ne désignent pas de réalité concrète est à la fois un avantage et un inconvénient.

Avantage, car cela donne la possibilité de conceptualiser, c'est-à-dire de désigner une réalité dont on ne connaît par exemple que les manifestations : la conscience de classe, la démotivation des employés, etc. Un concept est un mot qui, à la suite d'une réflexion théorique et d'observations empiriques, permet de décrire et de synthétiser une réalité complexe. En principe, ce concept est lié à d'autres concepts par un jeu de relations dont l'ensemble forme une théorie.

Mais :

Inconvénient, car à l'extrême cela permet de nommer et donc de faire croire qu'existent des phénomènes dont l'existence est de plus en plus ténue, et que cela permet de discuter sans fin, aucune sanction de la réalité n'étant possible. L'utilisation d'abstractions bien choisies a l'avantage d'utiliser des notions à la fois floues et incontestables : la nation, le devoir, les grands équilibres économiques, l'ingérence humanitaire...

La précision chiffrée

Elle donne le sentiment d'une documentation sérieuse :

« Il y a 1 213 325 entreprises en France. » Ou mieux : « Dans son rapport d'octobre 1999, l'INSEE donne le chiffre de 1 213 325 entreprises en France », ce qui n'apporte pas grand-chose par rapport à : « Il y a environ 1 million d'entreprises en France », mais cela fait sérieux.

Arguments intellectuels de type logique

> *« Raisonner et parler à l'intelligence,*
> *c'est très bien, mais c'est insuffisant.*
> *La malice humaine peut toujours trouver*
> *quelque chose à répondre à un raisonnement.*
> *Soyez habile, soyez logicien, ayez de la science*
> *et du talent, ayez mille fois raison,*
> *vous ne pourrez rien créer. Souvent même vous serez vaincu*
> *et on peut dire que celui qui se sert du raisonnement seul,*
> *périra par le raisonnement. »*
> MULLOIS, *Cours d'éloquence sacrée populaire.*

La déduction

Le respect de la logique formelle permet d'aboutir à des conclusions solides et donc acceptées :

> Socrate est un homme,
> or tous les hommes sont mortels,
> donc Socrate est mortel.

Ceci étant, la logique, au sens strict, est un art difficile et il faudra moduler la difficulté en fonction du public.

La force de la déduction tient dans son aspect formel. On peut alors mettre dans la première proposition un élément discutable et donner valeur de vérité à ce qui en découle.

La comparaison

Vis-à-vis d'un public intellectuellement exigeant, on ne doit comparer que des choses comparables. Mais où s'arrête le comparable ?

Le raisonnement par élimination

On envisage différentes hypothèses ou solutions qu'on élimine pour différentes raisons, jusqu'à celle que l'on souhaite faire adopter. Les raisons invoquées seront du genre incontestable : coûts, délais...

L'alternative

C'est enfermer quelqu'un dans un choix nécessaire, généralement avec un des termes si repoussant que l'autre terme en est obligatoirement choisi. C'est le classique : la bourse ou la vie.

Le dilemme

C'est enfermer quelqu'un dans un choix nécessaire, mais dont les deux termes sont également repoussants. Ils sont le plus souvent construits sur une faute de logique mais difficilement décelables. Exemple.

« On pose une sentinelle sur un pont, en lui consignant, sous peine d'être pendue, de laisser passer tous ceux qui diront la vérité et de jeter tous ceux qui ne la diraient pas dans la rivière. Un instant après, un homme passe et lui dit : « Tu me jetteras dans l'eau. » La sentinelle est fort embarrassée, car, si elle jette cet homme dans la rivière, elle manquera à sa consigne, en jetant un homme qui a dit la vérité ; et si elle le laisse passer sans le jeter dans l'eau, elle fera grâce à un homme qui n'a pas dit la vérité, ce qui est également contraire à sa consigne. C'est pourquoi on demande par quel moyen la sentinelle peut éviter la potence sans déserter et sans demander grâce. »

La réponse donnée par l'auteur est assez plaisante :

« Le factionnaire n'a qu'un moyen de ne pas mourir à la potence, c'est de se jeter lui-même à la rivière avec une pierre au cou. On me dira peut-être que cette solution n'est point satisfaisante, tant pour celui qui la propose que pour la sentinelle ; j'en conviens, mais la consigne qu'on suppose à ce dernier étant souverainement injuste, le soldat est condamné d'avance à la mort sans l'avoir méritée ; et puisque la question est absurde, il n'est pas étonnant que l'on en donne une solution peu satisfaisante. » (M. Ducœurjoly) [9]

Arguments de type affectif

Ils s'adressent à nos sentiments, ce que l'on appelait autrefois les passions. Ce sont l'amour / la haine, le désir / l'aversion, l'audace / la crainte (l'inquiétude, la peur, l'effroi, l'épouvante), l'espérance / le désespoir, la colère, la honte, l'envie, l'émulation, d'après F.M. Guérin. [10]

Ce sont les arguments par excellence et ce sont ceux qu'utilise essentiellement la publicité : « Les archétypes psychologiques, dont les sept péchés capitaux sont un bon exemple (l'orgueil, la luxure, l'envie, la gourmandise, l'avarice, la colère, la paresse), ont l'immense mérite de trouver un écho dans l'ensemble de la population et de dépasser ainsi les segmentations psychologiques, les clans et les tribus. » (P. Weil) [11]

Le désir

L'homme (au sens générique) est désir, même et peut-être surtout s'il prétend ne guère en éprouver. Jouer sur le désir d'autrui est l'essence de l'argumentation, comme le sait bien la publicité, même si elle le fait sans excès de subtilité. Désir de virilité et de pouvoir chez l'homme, goût de la séduction chez la femme sont sauf exception (mais ATTENTION aux exceptions) présents chez tous. Remarquez cependant que beaucoup d'individus se méprennent sur leur véritable désir. Ce n'est donc pas seulement en les interrogeant, mais en interprétant leurs réponses, que l'on pourra accéder à une connaissance vraie de leurs désirs.

L'envie

« Lorsque nous commençons par rappeler à l'enfant que l'heure du goûter est proche, que son appétit doit être presque une faim canine, nous obtenons le réveil de l'habitude qui pouvait être oubliée par le fait du jeu ou de l'étude. Puis lorsque l'habitude et le besoin sont en éveil, on excite ce dernier en chatouillant son hypertrophie qui s'appelle la gourmandise. Tu aimes bien le chocolat, n'est-ce pas ? Eh bien ! Celui-là est bon. Il est exquis, il fond dans la bouche et embaume la vanille. Ta petite sœur en a déjà eu un morceau. En veux-tu ? » [12]

Le véritable argument porte, à l'évidence, non sur la qualité du chocolat, mais sur le fait que la petite sœur a déjà été servie.

« Si l'on veut faire d'un moteur une mécanique parfaite, il ne faut pas accepter les compromissions et les matériaux de remplacement. Pour réaliser la 735iL, BMW a utilisé sans restriction les matières premières les plus sûres et les plus nobles. L'or dans les circuits électriques [...]. L'argent dans les circuits d'air conditionné [...]. Enfin le platine dans les capteurs [...] »

Manque le diamant, hélas! On a choisi des métaux symboles de bijoux et de luxe. Mais s'ils sont efficaces, ce n'est pas pour cette raison. On joue donc sur une contamination. Notons aussi « compromissions », à la place de « compromis ». Le terme est impropre, mais a une connotation morale. Et chez BMW, on est strict sur la morale!

La peur

« Il y aurait, je l'avoue, un beau chapitre à faire sur l'influence de l'imagination dans l'emploi des médicaments. Et qu'on ne croie pas qu'on citerait seulement, dans ces cas de guérison, des idiots, des esprits vulgaires, la populace féminine, superstitieuse et dévote, enfin tout ce que l'ignorance et la stupidité présentent de plus crédule et de plus inepte; nous pourrions citer des exemples mêmes d'hommes très éclairés, d'esprits forts, de philosophes; car les meilleurs esprits ne sont pas forts en tous sens, et la peur de la mort agit étrangement sur la plupart des caractères. Les charlatans savent assez ce qu'il en est. » (J.-J. Virey)[13]

Les compagnies d'assurances font fortune sur ce thème. Il est extrêmement puissant. Cependant, dans nos sociétés, la peur ne s'avoue pas, en tout cas chez l'homme et surtout pas chez l'homme qui réussit ou veut en donner ou s'en donner l'illusion. Les arguments jouant sur la peur devront donc être habillés par des évidences: « Il faut être courageux, mais pas téméraire. »

L'angoisse

Elle diffère de la peur en ce sens qu'elle est largement inconsciente et donc ne s'exprime que de façon détournée (déplacée est le terme technique). Ses racines plongent dans les peurs, les angoisses et les traumatismes de l'enfance. L'angoisse est donc largement archaïque. Angoisse de la solitude, de l'abandon, de la mort… Angoisse vis-à-vis de l'identité sexuelle…

La publicité joue beaucoup sur ce thème :

« En apprenant à vendre à notre subconscient, les agents de publicité ont commencé à explorer une autre zone, celle de nos peines cachées et de nos inquiétudes. Ils conclurent que la vente de milliards de dollars de produits dépendait, dans une large mesure, d'une manipulation adéquate de notre sentiment de culpabilité, de nos craintes, de nos anxiétés, de nos hostilités, de notre impression de solitude et de nos tensions internes. » (Vance Packard)[14]

La réassurance

Face à l'angoisse, chacun cherche à se rassurer. Les slogans : « tous unis », « tous ensemble » jouent sur l'angoisse d'abandon. Les slogans : « On va gagner » (sous-entendu : nous sommes les plus forts, donc nous sommes des hommes, des vrais…) jouent sur l'angoisse liée à l'identité sexuelle. La « motivation », telle qu'elle est entendue dans les entreprises, utilise beaucoup ces thèmes, inconsciemment. La publicité, beaucoup plus consciemment. Telle qu'elle est entendue dans certains milieux sportifs, elle joue également sur ces thèmes.

La culpabilisation

C'est faire croire à quelqu'un qu'il est responsable de quelque chose, auquel il est lié, mais par une relation qui n'est pas d'ordre causal direct. C'est un moyen très puissant dans nos sociétés occidentales qui, culturellement, ont un sens du « péché » beaucoup plus net que la plupart des autres sociétés. La culpabilisation joue sur la part inconsciente, malheureuse et douloureuse de chacun. Elle est intellectuellement honnête lorsqu'elle ne tente que d'éveiller la pitié. C'est ce que font les grandes causes humanitaires lorsqu'elles présentent une petite fille mignonne, amaigrie et qui pleure ! Mais la culpabilisation est souvent utilisée, de façon fort peu honnête, pour simplement renforcer le pouvoir de celui qui l'utilise. C'est un des grands travers des psychologues, philosophes, et supérieurs hiérarchiques !

> Lait Guigoz 2e âge. Petit à petit, le cerveau
> aussi se construit.
> [...] Avec 3 fois plus d'acides gras essentiels
> que le lait de vache et 20 fois plus de fer,
> Lait Guigoz 2e âge est enrichi
> pour assurer à l'enfant la bonne croissance
> de son organisme
> et un éveil harmonieux.

La mère qui se porterait vers une autre marque pour des raisons de prix doit évidemment se sentir très mal à l'aise de ne pas tout faire pour assurer le développement du cerveau de son enfant.

> Je ne veux pas aller à l'école
> dans une voiture moche [15]

Ce texte est illustré par une paire de chaussures de sport manifestement mal lacées. C'est donc un enfant qui fait cette étonnante déclaration. Si votre voiture est vieillie ou cabossée ou d'une marque peu prestigieuse, vous n'avez plus qu'à avoir honte devant votre enfant, sauf évidemment à prendre un crédit, pour acheter une nouvelle voiture.

La souffrance ou les sacrifices

La souffrance est rédemptrice, affirme-t-on dans certains milieux religieux. Il faut souffrir pour être belle, dit-on populairement. Il faut semble-t-il passer par une formation presque sadique pour devenir membre de certaines troupes d'élite. Ces affirmations vont dans le sens d'une argumentation à partir de la douleur. De même, des sacrifices demandés peuvent transfigurer l'objectif proposé. Je ne vous propose que des larmes, disait à peu près Churchill. Pour certains individus, la grandeur de la cause se mesure aux sacrifices demandés.

La menace

Très utile et très utilisée. Elle est très souvent l'arme des faibles et son exécution éventuelle peu crédible.

Pour être efficace, la menace doit :

- être crédible ;
- être proportionnée ;
- n'être utilisée que vis-à-vis d'un plus faible que soi.

Mais beaucoup de menaces ne servent qu'à rassurer celui qui menace et non à convaincre celui qui est menacé. Voici un exemple de menace probablement inefficace :

« Avis important : si vous vous éloignez de votre domicile, pendant vos congés notamment, prenez vos dispositions. En effet, même durant l'été, le non-respect de la date limite de paiement, portée sur votre facture, entraîne, après un avis de rappel, la majoration automatique de la somme de 10 % (...) en cas de nouveau retard dans les sept mois. Ne vous laissez pas surprendre, adoptez soit le prélèvement automatique, c'est simple, sûr et gratuit, soit tout autre moyen à votre convenance, assurant le respect du délai. »

Cette lettre du monopole EDF ne respecte que notre 3ᵉ principe : menacer plus faible que soi. Mais elle n'est pas vraiment crédible et ce type de menace peut agacer certains récepteurs.

Pour être crédible, la menace doit comporter un début d'exécution. Ce début d'exécution sert de menace vis-à-vis des autres. C'est ce à quoi servent les huissiers.

La dramatisation

Les éléments précédents sont le fondement d'un procédé rhétorique, qui peut prendre diverses formes, mais dont l'essentiel consiste en un effet de dramatisation.

En voici un exemple, qui prend la forme d'une certaine énumération, mais qui joue sur le fait que l'on énumère des choses liées et qui sont les conséquences les unes des autres, comme il s'agissait d'éléments indépendants qui s'accumulent :

« Les dégâts matériels sont importants : plus de trois mille appartements endommagés, des dizaines de milliers de sans-abri, des rues ravagées, des commerces détruits, etc. » [16] Deux remarques : s'il y a trois mille appartements détruits, il faudrait dix personnes ou plus par appartement pour qu'il y ait « des dizaines de milliers de sans-abri. » Était-ce vraiment le cas à Tel-Aviv lors de la guerre du Golfe ? D'autre part, s'il y a trois mille appartements détruits, il va de soi que les rues ont souffert et les commerces aussi, ceci étant la conséquence de cela.

L'énumération sert à l'accumulation qui sert à la dramatisation.

« Edouard m'a tuer . » [17] Ce titre est celui d'un article dans lequel un dirigeant d'entreprise qui vient de perdre son poste se plaint du premier ministre de l'époque, M. Édouard Balladur. Ce titre reprend un élément d'un fait divers du moment, une dame assassinée ayant eu le temps, avant son décès, d'écrire cette accusation avec son sang. Façon « élégante » pour notre PDG d'accuser de meurtre, c'est-à-dire de hausser son problème personnel au rang d'une tragédie !

La dramatisation la plus fréquente consiste à exagérer les conséquences de tel ou tel phénomène. Cela renvoie au futur dont personne ne peut dire avec certitude ce qu'il sera, qui est donc angoissant par définition, ce qui rend toute réfutation rationnelle difficile.

La confusion sujet / objet

On sait combien, en psychologie, être et paraître ont tendance à se confondre de même qu'être et possession. Cette faiblesse de la nature humaine est exploitée et par là même renforcée par la publicité. C'est une technique souvent dénoncée :

« Au sein de la communication publicitaire s'opère donc un transfert des responsabilités : je ne suis rien par moi-même. C'est l'objet qui m'apporte tout. Doté de pouvoirs quasi magiques, il lui est donné de me restituer un corps, une âme, une identité. [...] Si le message remplit bien son rôle, le lecteur ne peut qu'associer l'objet à l'assouvissement imaginaire de ses fantasmes notamment érotiques. » (F. Guyon) [18].

Exemple :

Quelque chose en vous est Dior [19]

Il s'agit d'un parfum vendu par Dior. On ne saurait mieux suggérer l'identité, la volontaire confusion entre la personne et le produit.

Autre exemple :

Lacoste, deviens ce que tu es

L'objet, non seulement vous révèle à vous-même, mais vous fait advenir.

L'autorité

Malheur aux aveugles qui veulent conduire les autres....
St. AUGUSTIN[20]

L'argument d'autorité peut prendre plusieurs formes.

La plus classique consiste à s'abriter derrière l'autorité... d'une autorité : un savant, un homme unanimement respecté, un homme ou une institution qu'il n'est pas possible ou même qu'il est illégal de contester. On utilise alors une citation (dans les cas sérieux) ou on lui prête l'opinion que l'on veut défendre. C'est ce que fait Rabelais, ironiquement, pour soutenir la thèse selon laquelle une femme peut porter une enfant onze mois ou davantage. Il s'appuie sur un certain nombre d'autorités :

> « Hippocrates, lib. de Alimento ; Pline, lib.VII, cap. V ;
> Plaute, in Cistellaria ;
> Marcus Varro en la satyre inscripte le Testament, alléguant l'autorité d'Aristoteles en ce propos ;
> Censorinus, lib. de Die Natali ;
> Aristoteles, lib. VII, cap III et IV de Nat.Animalium ;
> Gellius, lib. III, cap.XVI ;
> Servius, in Egl., exposant ce vers de Virgile : " Matri longa decem, etc. " ;
> Et mille autres... »

L'inconvénient de ce type d'argument est qu'il vieillit généralement mal, les autorités étant fort changeantes.

« S'il y a dans le monde une histoire attestée, c'est celle des vampires : rien n'y manque, procès-verbaux, certificats de notables, de chirurgiens, de curés, de magistrats ; la preuve juridique est des plus complètes. Avec cela, qui croit aux vampires ? » (J.-J. Rousseau)[21]

Une autre forme de l'argument d'autorité, très utilisée en publicité, consiste en propositions déclaratives qui ont l'aspect de l'évidence mais qui sont en fait autoritaires :

« Machin lave plus blanc »,
« Truc, c'est plus sûr ».

L'autorité est rarement un argument. Nous le verrons plus au long dans le chapitre sur la contre-argumentation. Comme le fait remarquer Hannah Arendt : « l'autorité n'a guère de sens que pour les enfants et les esclaves », mais cela fait beaucoup de monde !

La source

Ce peut être le meilleur et le pire des arguments. Il va de soi que dans les domaines où l'on n'est pas compétent, les plus nombreux, on ne peut bien souvent suivre les raisonnements qui aboutissent à telle ou telle conclusion. En mathématiques, astronomie, biologie, etc., on s'en remet à l'autorité d'un scientifique reconnu, publiant dans une revue reconnue. Le glissement est cependant dangereux vers l'argument d'autorité. À l'inverse, quel que soit le dire d'un individu, on refusera ce qu'il dit, simplement parce que c'est un adversaire... En voici un exemple, tiré des Provinciales de B. Pascal : « Cette proposition, lui a-t-il excellemment répondu, serait catholique dans une autre bouche ; ce n'est que dans M. Arnaud que la Sorbonne l'a condamnée. »

La notoriété

Exemple : Le tribunal d'instance de Saint-Tropez condamne à 20 000 F d'amende le propriétaire d'un âne castré par B. Bardot, estimant « qu'en donnant à cette affaire la plus large audience possible, [il] a tenté de jeter le discrédit sur la défense de la cause animale au service de laquelle Brigitte BARDOT, comédienne de renommée mondiale, se dévoue. »[22]

Seule une décision d'un tribunal, non contestable par principe, peut utiliser un argument de ce type : « renommée mondiale », qui est une variété de l'argument d'autorité. Ce type d'argument, d'ailleurs efficace, ne doit être utilisé que devant des publics de très bas niveau intellectuel ou réduits au silence.

Le prestige

« Le prestige est en réalité une sorte de fascination qu'exerce sur notre esprit un individu, une œuvre ou une doctrine. Cette fascination paralyse toutes nos facultés critiques et remplit notre âme d'étonnement et de respect. [...] Le prestige est le plus puissant ressort de toute domination. Les dieux, les rois et les femmes n'auraient jamais régné sans lui. On peut ramener à deux formes principales les diverses variétés du prestige : le prestige acquis et le prestige personnel. Le prestige acquis, celui que confèrent le nom, la fortune, la réputation, est de beaucoup le plus répandu. Par le seul fait qu'un individu occupe une certaine position, possède une certaine fortune, est affublé de certains titres, il est auréolé de prestige, si nulle que puisse être sa valeur personnelle [...] » (Arnaud et Nicolle)[23]

« Pascal avait très justement noté la nécessité pour les juges des robes et des perruques. Sans elles, ils perdraient une grande partie de leur autorité. Le socialiste le plus farouche est émotionné par la vue d'un prince ou d'un marquis ; et de tels titres suffisent pour escroquer à un commerçant tout ce qu'on veut. Le prestige dont je viens de parler est exercé par les personnes ; on peut placer à côté celui qu'exercent les opinions, les œuvres littéraires ou artistiques, etc. Ce n'est souvent que de la répétition accumulée. [...] Il existe certains noms et certaines choses auxquels nul n'oserait toucher. Pour un lecteur moderne, l'œuvre d'Homère dégage un incontestable et immense ennui ; mais qui oserait le dire ? [...] Le propre du prestige est d'empêcher de voir les choses telles qu'elles sont et de paralyser nos jugements. » (G. Le Bon) [24]

L'imitation

Soit par manque d'autonomie, soit par jalousie, la plupart des individus veulent ressembler à d'autres. Par ailleurs il est vrai qu'être réellement différent est parfois difficile à supporter ne serait-ce que parce que la contrainte sociale le fait payer très cher. L'imitation est donc une motivation forte et peut servir d'argument sous-jacent puissant. Remarquons cependant que nos sociétés, paradoxalement, valorisent l'originalité. Une bonne argumentation valorisera donc une originalité qui ne gêne personne et se cantonne dans les limites de fait de l'imitation.

Une façon très pratique d'être original sans risque consiste à opérer un découpage personnel dans un ensemble banal. Si par exemple vous déclarez adorer les quatuors de Beethoven et mépriser ses symphonies, vous aurez fait preuve d'originalité sans aucun risque.

L'identification

Elle consiste à se prendre pour ce qu'on n'est pas et à s'identifier à un personnage prestigieux : plus beau, plus riche, plus puissant… et donc à vivre par procuration. Pour parfaire cette identification, certains n'hésiteront pas à tenter de posséder quelques-uns des signes de cette richesse et de cette puissance. C'est une des motivations d'achat les plus exploitées par les publicitaires, surtout vis-à-vis de publics peu critiques, comme les adolescents. Ce peut donc être la base de certaines argumentations. Exemple en publicité :

Rendez-vous à Dakar
l'écurie sauvage

Ce morceau d'une publicité (pleine page) pour une marque d'automobiles joue sur l'identification aux pilotes de rallye et de course. Tant pis si elle augmente le nombre d'accidents !

L'ambivalence

Une des caractéristiques de l'affectivité est son ambivalence, c'est-à-dire le fait que vis-à-vis d'un objet quelconque nos sentiments sont un mélange, en proportions diverses, d'amour et de haine, d'intérêt et de mépris, de plaisir et de gêne, etc.

Un certain nombre de propositions qui, sur un plan rationnel, sont opposées, ou contradictoires, ou exclusives, sont sur un plan affectif ambivalentes, c'est-à-dire jouent sur l'ambivalence présente chez l'individu.

Un exemple est celui de la Vierge Mère, assez peu réaliste sur le plan physique, mais très efficace sur le plan affectif, l'inconscient de beaucoup souhaitant que leur mère ait été cependant vierge. Autres exemples :

• le centralisme démocratique ;

• les hommes comme finalité de l'entreprise.

L'ambivalence est très souvent utilisée dans les slogans, jouant sur le meilleur et le pire. Exemple : Les Maisons XXX utilisent à la télévision le slogan :

> Une nouvelle race de grands bâtisseurs

Le mot « race » n'est pas là par hasard. C'est un mot fort qui renvoie à racisme, etc. Il y a dans « race » une connotation de race supérieure, fort utilisé historiquement. Et c'est bien cette notion de supérieur que veut faire passer l'entreprise XXX, bien connue pour le « charisme » de son PDG.

Exemple historique :

Le Sénat réclame avec énergie
un vrai gouvernement de Front populaire
sans communistes, ni socialistes, ni radicaux

Le Sénat qui représente la France profonde exprime admirablement l'ambivalence populaire en cette demande d'une gauche qui gouvernerait au centre sinon à droite ![25]

Le service rendu

C'est un des principaux arguments commerciaux. La grande distribution dépense des sommes considérables dans des publicités qui tentent de convaincre le consommateur que le commerçant est au service du client, sans aucune arrière-pensée de bénéfice personnel ! Voici un exemple où une administration française s'essaie, maladroitement, à ce genre d'exercice :

Simplifiez-vous la vie...
... en adoptant le paiement mensuel

Il va pourtant de soi que la simplification sera surtout utile à EDF. Et surtout que EDF pourra faire de la trésorerie en jouant intelligemment sur le montant des mensualités ! Mais combien d'utilisateurs iront calculer que la mensualité est toujours un peu en avance sur la consommation réelle ?

La sexualité

Nous prendrons ici sexualité au sens large englobant la sensualité, l'érotisme, le sentiment amoureux...

L'utilisation du corps

L'utilisation du corps plus ou moins dénudé ou présenté de façon suggestive est une constante de la publicité. Dès les années 1900, on montre des femmes dénudées alors que la situation ne l'exige pas. De nos jours, il en est de même pour les hommes. L'évolution a été très rapide dans ce domaine. Les publicités des années 1930 sont encore très prudentes et la stylisation des personnages gomme l'éventuel aspect érotique.

Cette évolution est parfaitement démontrée par un article paru dans *L'Expansion*, illustré de publicités d'époques différentes et entre autres de publicités pour les pâtes. Celle de 1891 présente une couple au restaurant, le garçon prenant la commande. Le nom de la firme et les mentions « Vermicelle, Macaroni » encadrent l'illustration. Celle de 1986 présente une bouche féminine en très gros plan et devant celle-ci une cuiller pleine de pâtes. Un numéro de téléphone et, dans un coin, un paquet de pâtes avec le nom de la marque. « À partir de là, on va franchement vers la gourmandise et la révélation du plaisir. Tellement de plaisir qu'on en arrive à la sensualité de cette grosse bouche prometteuse. L'aboutissement d'une démarche. »[26]

Remarquons que ce n'est pas la bouche qui devrait être prometteuse, mais bien la cuillerée de pâtes. Il ne faut pas être grand clerc pour deviner que la bouche, elle, est prometteuse de bien autre chose.

Une publicité présente sur la page de gauche d'un magazine, une jeune femme séduisante au décolleté généreux, et sur la page de droite, le bas d'une bouteille de champagne, mettant la marque en gros plan. Le texte en haut de la page de gauche dit :

« À vrai dire, je ne suis pas là par hasard. »

Celui au-dessus de la page représentant la bouteille de champagne :

« À vrai dire, moi non plus. »

Ce qui est sous-entendu est non pas qu'en présence d'une jolie femme on débouche du champagne en son honneur, ce qui serait banal, mais bien qu'en débouchant du champagne, on ferait venir chez soi de jolies femmes… Ce qui est un argument puissant !

L'objet sexualisé

Une des utilisations de la sexualité consiste non plus à utiliser cette dernière pour donner par contamination de l'attrait à des objets, mais à sexualiser l'objet lui-même. Les publicités pour automobiles usent fréquemment de cette technique.

« Tout avait été très vite. Le matin, ils ne s'étaient qu'entra-perçus, mais déjà ses courbes, son profil affiné, l'obsédaient. Il voulait en savoir plus sur elle. À leur seconde rencontre, il lui sembla qu'elle le fuyait déjà, si provocante avec sa ligne aérody-namique poussée au maximum (Cx : 0,29 !) [...] »

« Dès qu'on la déshabille, cette belle allemande devient vrai-ment sexy : un très beau jouet pour grands enfants. »[27]

« Un charme chic, un chic fou, je comprends qu'il soit à mes pneus ! ...

... Je crois pouvoir dire que c'est moi qui l'ai fait. Il faut avouer qu'avant de me rencontrer il n'avait qu'une très vague idée de ce qu'était le charme. Moi, je lui ai tout appris : le raffinement, le confort, les finitions parfaites, les équipements intelligents, bref, le luxe, quoi ! ... Le vrai. Alors le pauvre chéri, il est à mes pneus et le pire, mais il l'ignore encore, c'est que ça ne lui passera pas. »

Il s'agit très clairement d'identifier la voiture à une femme, séduisante bien sûr.

La bête et la brute qui sommeillent en vous

C'est une variété de sexualisation que d'amener le lecteur à s'identifier à une bête sauvage aux évidentes qualités de force et de violence. Le processus d'identification est parfois compliqué, mais de façon générale, l'objet présenté a ces qualités sauvages et sa possession permet de les posséder à son tour.

« Après le doux feulement du 6 cylindres, il serait inacceptable d'entendre la portière claquer comme un placard. »

La violence

Moralement condamnée, elle est généralement passée sous silence lorsque l'on parle d'argumentation, soit par angélisme soit par occultation.

Angélisme, car l'on considère que l'argumentation s'exerce entre individus de bonne foi et ne s'adresse qu'à leur intelligence et leur sensibilité.

Occultation, car les intellectuels refusent de considérer que leurs arguments prennent racine dans certaines formes de violence ou débouchent sur la violence.

Et pourtant les disputes entre théologiens (religieux ou politiques) ont pour fond l'exclusion, l'excommunication, le camp de concentration et le bûcher, même si les clercs laissent hypocritement au pouvoir civil l'utilisation de la violence physique. Et même de nos jours, des intellectuels lancent de véritables appels au meurtre : « Il faut tuer ! Abattre un Européen, c'est faire d'une pierre deux coups, supprimer en même temps un oppresseur et un opprimé : restent un homme mort et un homme libre. » (J.-P. Sartre) [28]

Condamnation et silence n'empêchent donc pas la violence d'être utilisée… et utile !

La violence légale

Un magistrat à ses élèves : « Vous allez faire un métier violent, vous êtes là pour faire du dégât. [...] Cette violence que l'on vous confère, c'est la violence de la loi, ce n'est pas votre violence à vous. Ce n'est pas facile mais il ne faut pas vous tromper de métier. » [29]

La violence légale, c'est-à-dire conforme aux 100 000 lois, arrêtés, décrets, règlements, jugements, actes, édits, ordonnances, etc., qui gouvernent, dit-on, la France, est l'argument fondamental de la vie en société, telle qu'elle est encore conçue de nos jours. Nous sommes constamment sous la menace…

Voir en note un exemple de conviction (au sens fort du terme) dû à l'utilisation de la violence. [30]

La violence sociale

Elle naît d'un déséquilibre de pouvoirs entre individus, entre salariés et patrons, entre locataires et bailleurs, entre emprunteurs et prêteurs. Elle s'appuie sur la loi, qui n'est pas tout à fait la même pour tous et sur le fait que le recours à la loi et aux tribunaux est beaucoup plus facile pour les riches et les puissants, qui peuvent utiliser des armées d'avocats et spéculer sur l'ignorance et la peur des faibles.

Elle se déguise parfois en seule menace. Ou bien elle se présente sous une forme apparemment déclarative :

« Ce véhicule est prioritaire en quittant l'arrêt » signifie que quoi que vous fassiez ou que l'autre fasse, vous aurez tort en cas d'incident. À un niveau plus faible, elle n'apparaît plus que comme mise en scène, qui peut jouer tout aussi bien sur le vocabulaire, la mise en pages, la mise en scène à proprement parler. Nous y reviendrons lorsque nous aborderons ces sujets.

De façon générale on peut soupçonner qu'il y ait violence chaque fois que sont utilisés des moyens qui sont d'un autre ordre que ceux normalement utilisés. Une utilisation atténuée de la violence consiste dans l'injure. Injurier c'est ramener l'autre à quelque chose d'infra-humain avec lequel évidemment on ne discute pas. Les injures actuelles sont moins crues que celles utilisées dans les débats d'avant-guerre, mais l'objectif reste le même : s'éviter une argumentation qui ne serait pas obligatoirement victorieuse.

Le bon sens

Certains publics se méfient des intellectuels. En France, il est même de bon ton d'opposer l'action à la réflexion. Devant de tels publics, on n'hésitera pas à utiliser des arguments dits de bon sens, qui, bien que ne s'appliquant pas obligatoirement au sujet en question, ont cependant un impact certain. Ces arguments ont généralement la forme de sentences, c'est-à-dire de phrases courtes et rythmées, sinon rimées.

Les proverbes

Il en existe plusieurs recueils en langue française dont chacun en contient des milliers. Bien que leur lecture soit assez fastidieuse, il serait bon de les compulser et de noter quelques proverbes s'appliquant peu ou prou aux situations à propos desquelles vous faites couramment des exposés. On peut les moderniser, par exemple de la façon suivante : « Pas de problèmes, La Poste est là » (argotique), expression populaire, d'origine obscure, qui signifie à peu près que les ennuis vont être sans fin.

Les phrases tirées de l'Écriture Sainte

Elles n'ont plus valeur de preuve, comme elles ont pu l'avoir il y a quelques siècles. Pour la plupart, elles se sont dégradées en expressions proverbiales. Suivant le public, elles pourront donc être utilisées pour l'autorité qu'elles peuvent conserver et on ne manquera pas alors de donner la référence, soit uniquement comme expressions de bon sens ayant l'avantage d'être connues de tous.

Les phrases attribuées aux grands hommes

Généralement sorties de leur contexte littéral et historique, elles sont ramenées au niveau du bon sens. Rarement vérifiables, surtout pour les auteurs qui n'étaient pas des écrivains. La mode étant des plus changeantes dans ce domaine (on ne peut guère actuellement citer le Maréchal Pétain), on ne pourrait donner que des exemples qui paraîtraient vite obsolètes.

Les lieux communs

Traditionnellement, les lieux communs sont des arguments qui peuvent être utilisés en toutes circonstances et devant tous les publics. Ils leur sont donc communs, d'où leur nom. Ils reposent sur des idéologies, c'est-à-dire sur des façons de penser qui paraissent évidentes et ne sont donc pas mises en question. Les lieux communs tirent leur force de ces évidences, dont voici quelques-unes :

* certaines choses existent. De nos jours si l'existence de Dieu n'est plus une évidence pour tous, il reste que le spirituel existe

et qu'il est supérieur au matériel ; que la liberté existe et qu'elle est supérieure à la dictature ; que la démocratie existe et que…, etc. ;

- certaines choses sont supérieures à d'autres : beaucoup est généralement préférable à peu, le précis est supérieur à l'à-peu-près ;
- le public auquel on s'adresse représente l'homme pleinement développé, intellectuellement et moralement. Ce public sait donc ce qui est préférable, le reconnaît comme tel, le pratique, ou en tout cas souhaiterait le pratiquer, si…

Cependant, une autre règle veut que chaque public aime se différencier en s'opposant : certains publics se rattacheront au bon sens, tandis que d'autres s'identifieront à une certaine sophistication intellectuelle en opposition au grossier bon sens populaire.

S'il y a des lieux communs, il ne faut donc pas oublier que les lieux communs à utiliser doivent être spécifiques à chaque public.

On pourra aussi, sous une forme légèrement paradoxale, utiliser l'inverse des lieux communs : « Small is beautifull » est exactement l'inverse du lieu commun qui veut que le plus soit supérieur au moins.

De nos jours, il est difficile de développer certains lieux communs : cela donnerait un style oratoire à l'encontre du style dominant actuel très resserré, marqué par la publicité et le coût de la minute à la télévision : il faut aller vite. Leur utilisation doit donc être allégée.

Une bonne méthode consiste à ne les utiliser que sous forme d'adjectifs. Ceux-ci renvoient alors, par allusion à certains lieux communs. Ceci permet d'avoir un style plus direct, tout en bénéficiant de leur force, mais en évitant d'avoir l'air de les utiliser, ce qui paraîtrait banal et donc agaçant pour certains publics.

L'avantage des lieux communs, c'est qu'ils fonctionnent par oppositions successives : le « pas cher » s'opposant par exemple au

« coûteux ». Mais par ailleurs, l'objet « de valeur » s'opposera à l'objet « pas cher ».

La langue dispose généralement des mots adéquats pour dire la même chose avec une connotation positive ou négative. C'est un point important dans la réfutation. Si votre adversaire parle d'un objet de prix, vous pourrez répondre en parlant d'un objet dispendieux.

Les lieux communs sont à peu près innombrables. Nous n'en donnons donc que quelques-uns à titre d'exemple :

- RELIGIEUX : le spirituel opposé au matériel ;
- MORALE : bien opposé au mal, vertu à vice ;
- AMOUR : le vrai (ne surtout pas le définir), la fidélité ;
- TEMPS : passé préférable au présent, futur préférable au présent, neuf préférable à usagé ;

mais

- ANCIEN préférable à neuf et antiquités préférables à production de masse ;
- VRAI : il est toujours préférable à tout ;
- EXISTANT : préférable à simplement possible ;
- DIMENSIONS : lourd préférable à léger dans le moral, mais léger préférable à lourd dans le physique ; grand préférable à petit dans pratiquement tous les domaines, mais miniature peut aussi s'opposer à grand.

Il ne vous sera pas difficile d'en trouver d'autres, car le langage fonctionne par oppositions valorisées.

Les lapalissades

Il n'y a guère que la publicité pour oser.

Affiche publicitaire pour le Code civil, titre :

> Pour ne rien oublier, il fallait penser à tout.

> Le Loto. 100 % des gagnants ont tenté leur chance.

Le Canard enchaîné s'était déjà moqué de cette sottise : « Les élections ont été un succès pour tous les candidats élus. »[31]

> Le pas cher près de chez vous est tout de même plus accessible que le pas cher loin de chez vous.

> La force de Framatome, c'est le groupe Framatome.

Sur une boîte d'allumettes vendue en France :

> Allumettes sans soufre
> contribuent à la limitation des pluies acides.

Essayez donc de trouver des allumettes soufrées en France. Elles ne sont plus en vente depuis quarante ans ! Et pourquoi pas : « Allumettes sans arsenic contribuent à la limitation des meurtres ! »

Les fausses lapalissades

> Grâce à l'électricité nucléaire, nous avons l'air
> le plus pur d'Europe
> Pas de CO_2, pas d'oxydes d'azote, pas de dioxyde de soufre,
> la production d'électricité nucléaire ou hydraulique n'émet
> pas de gaz polluants.

Mettre l'accent sur ce point revient évidemment à cacher le point important : qu'allez-vous faire des déchets dangereux pendant des milliers d'années ?

Chapitre 3

Construisez votre stratégie

Ce qui complique encore l'argumentation, c'est évidemment que l'individu auquel on s'adresse n'est pas inerte. Dans beaucoup de cas, il va répondre implicitement ou explicitement à ce que vous allez dire. Implicitement : tout orateur sait qu'un public réagit à ce qu'il dit, par des rires, des murmures, des bruits divers ou même par des regards au plafond, etc. Ceci est souvent une indication précieuse sur la façon dont le public reçoit ce qui est dit. Explicitement, parce que beaucoup d'exposés sont suivis de questions et que dans de nombreux cas, un orateur est engagé ensuite dans une discussion, c'est-à-dire un échange rapide, dont une partie est plus ou moins imprévisible ! Il est donc nécessaire d'avoir une stratégie.

De plus, la plupart de nos argumentations sont destinées à un seul individu. Sauf cas de pouvoir, par exemple un supérieur argumentant vis-à-vis d'un subordonné, on est en fait engagé dans une discussion et l'autre ne se prive pas de vous couper et d'objecter tout au long de cette discussion.

Dans l'argumentation, un élément clé est donc d'intégrer l'autre dans sa stratégie. C'est-à-dire au moins :

- prévoir ce que pense l'autre et définir ses arguments en fonction de ce paramètre, nous venons de le voir ;
- prévoir ce que va répondre l'autre et donc prévoir ce que l'on va répondre à ses réponses et ainsi de suite.

Lorsqu'on s'adresse à un public, un autre élément important est la différenciation de ce public et le choix des satisfactions de chacun. Un public n'est jamais homogène sur le plan affectif et relationnel. On peut y compter des amis, des alliés, des indifférents, des individus qui vous sont opposés pour de bonnes raisons intellectuelles et d'autres qui, tout simplement, ne vous aiment pas. Un public comprend aussi des leaders d'opinion et des suiveurs. Il est extrêmement difficile de satisfaire tout le monde et il faut donc opérer des choix. Il va de soi qu'il ne faut pas faire des choix de circonstances et pour telle occasion se faire des alliés qui vous lâcheront à la première occasion parce que leurs intérêts sont fondamentalement différents. Il serait également dommageable de ne pas convaincre quelqu'un qui a pouvoir sur vous ou qui est important pour vos intérêts à long terme.

Exemple :

Supposons que vous soyez le DRH de l'entreprise X.Y.Z. Vous avez effectué une enquête de motivation auprès du personnel de l'entreprise et vous devez en donner les résultats devant le Comité de Direction. Vous savez pertinemment que :

- vous n'avez pas l'autorité d'un Directeur financier ou commercial ;
- vos collègues vont toujours aux explications les plus courtes du type : « Ils veulent une augmentation de salaire » ;
- vos collègues auront des conclusions simplistes et inefficaces, du type : « Ça se passera tout seul ».

Vous avez donc plusieurs problèmes à résoudre et plusieurs messages à faire passer :

- mon étude a un caractère scientifique indiscutable ;
- aucune explication simple ne peut être donnée ;
- il faut agir avant une dégradation dangereuse de la situation.

Votre message clé va donc être :

Il faut agir et dans le sens que j'indique.

Pour faire passer ce message, il va vous falloir :

- construire votre crédibilité, donc utiliser un appareillage scientifique dans la présentation de votre enquête, pour éviter les contestations, mais sans le rendre trop lourd de peur de fatiguer ou d'indisposer ;
- dramatiser en faisant un état alarmant de la situation et des conséquences qu'elle comporte. Cela vous permettra de faire passer des solutions difficiles ou même déplaisantes ;
- visualiser, par des projections de diagrammes, des schémas, les points qui le permettent : courbe à chute dramatique... ;
- détruire les solutions faciles présentées par autrui en montrant qu'elles ne font pas face à l'urgence / la gravité / les conséquences de la situation ;
- faire accepter vos solutions, ce qui ne devrait pas être difficile si tout ce qui précède a été fait correctement.

Choisissez une logique d'exposition

Votre matière première de faits, d'idées, de chiffres, d'exemples... doit être organisée de façon telle que votre interlocuteur puisse facilement suivre votre exposé et qu'il ait le sentiment qu'il est logique. Le premier travail va consister en une simplification de votre matière première. En effet, la plupart des individus ne peuvent intellectuellement manier plus de trois choses à la fois et ne peuvent en mémoriser plus de cinq ou six. Il va de soi que cela est très variable selon les publics. Dans certains cas, simplification voudra donc dire clarification, dans d'autres, ce sera effectivement une simplification. Le second travail consistera à choisir une logique d'exposition et à vous y tenir. Cette logique devra plus dépendre de votre public que de vos informations. Cette logique d'exposition peut être construite selon deux grands principes :

* Les logiques intellectuelles, souvent dites externes, car elles sont extérieures à l'individu à convaincre.
* Les logiques dites internes ou psychologiques, c'est-à-dire qui partent de l'individu à convaincre.

Le choix entre les deux ou le savant mélange des deux (difficile à réussir) dépendra du sujet traité, du message à faire passer (c'est-à-dire de l'objectif poursuivi) et du public auquel on s'adresse.

Les logiques intellectuelles

Les principales sont les suivantes :

* logique historique ou temporelle : il s'est passé ceci puis cela. Elle a l'avantage de la clarté car elle joue sur un défaut de logique très fréquent qui consiste à confondre causalité et consécution. C'est la méthode la plus simple et donc celle à utiliser lorsque aucune autre ne convient. Elle a par ailleurs, pour celui qui expose, l'avantage d'éviter les « j'ai oublié de vous dire... » ;
* logique spatiale ou géographique. On passe par exemple en revue les sites sur lesquels l'entreprise est implantée ou les pays dans lesquels elle a des marchés ;
* l'examen d'hypothèses : « si..., alors ». Convient particulièrement à la résolution de problèmes bien circonscrits ;
* la logique problématique : problème, analyse, examen de solutions, choix de solutions. À l'inconvénient, en centrant sur les problèmes, de peut-être faire oublier l'objectif, les problèmes n'existant que comme difficultés pour atteindre un objectif.

Trop souvent, on prend les problèmes en soi, par rapport non à des objectifs, mais à des principes ;

* thèse, antithèse, synthèse. Bien que vieillie, cette méthode a du bon, surtout quand on n'a pas grand-chose à dire (ce qui est possible, même lorsque le message est important).

Les logiques internes ou psychologiques

Elles sont moins centrées sur le sujet traité que sur les individus à convaincre. On les utilisera donc soit avec des individus peu familiarisés avec le sujet traité, soit avec des thèmes impliquant une forte affectivité. Les plus classiques sont :

* du familier au non familier ;
* du connu à l'inconnu. Ces deux techniques, très proches l'une de l'autre, sont particulièrement utiles lorsqu'on veut « familiariser » un public de non-spécialistes à un domaine peu connu ;
* du croyable au moins croyable. Du même ordre que les précédentes, utile dans les domaines très flous.

Soyez proche de votre public

Identifiez le niveau intellectuel de votre public

Il s'agit moins du niveau intellectuel en tant que tel, que de la capacité de votre auditoire à manier des abstractions et à utiliser des méthodes scientifiques. En effet, ce niveau devra avoir une influence sur le type d'arguments que vous utiliserez. Une expérience en « double aveugle » aura du sens pour un public scientifique, déjà moins pour des philosophes, mais ne sera plus convaincante pour un public peu habitué à une réflexion méthodologique.

Identifiez son niveau de compétence dans le domaine de votre exposé

Évident, mais l'on n'en tire peut-être pas toujours suffisamment les conséquences. En effet, ce qui rend beaucoup d'exposés ou de livres scientifiques confus et difficiles à suivre vient d'une erreur sur le niveau de compétence du public. Très souvent, tout se passe comme si ce niveau était surestimé, parce que l'auteur tient pour connu de tous ce qui est évident pour lui. Évident, parce que lui le connaît par cœur et le trouve trivial. L'auteur ne prend donc pas la peine d'en faire état ou même n'ose pas le faire. « Une étude multicentrique randomisée, présentée à Varsovie, conclut... », dans un article du journal *Le Monde*, montre que l'auteur a recopié un article scientifique, sans trop se soucier du lecteur moyen. Seuls les spécialistes peuvent savoir ce que cela engage. Généralement l'on craint plus de passer pour simple ou naïf que de passer pour obscur, particulièrement en France où un texte obscur fait passer son auteur pour un bel esprit. De façon générale, la solution consiste à partir d'un niveau très simple et à élever ce niveau plus ou moins vite et plus ou moins haut, en fonction des réactions du public, s'il s'agit d'un exposé. S'il s'agit d'un texte, il est nécessaire d'avoir une réflexion approfondie préalable sur le niveau de compétence du public.

Utilisez son langage

Le langage d'autrui a trois caractéristiques :

- une caractéristique sociale, liée à l'utilisation d'un certain vocabulaire, de certaines formes grammaticales ou même d'un certain accent ;
- une caractéristique professionnelle qui peut aller jusqu'à un argot de métier. Il est indispensable de l'utiliser pour deux raisons. D'abord pour des raisons de compétence, à laquelle vous ne pouvez prétendre si vous ne maîtrisez pas le vocabulaire

technique. Ensuite parce qu'en utilisant ce langage, vous aurez l'air d'être « de la maison » ;

- une caractéristique personnelle, marquée souvent par la répétition de certains mots ou de certaines expressions.

Si vous les utilisez, votre interlocuteur aura l'impression de se reconnaître dans ce que vous direz et vous en serez d'autant plus persuasif.

Ne critiquez pas inutilement

En effet, la plupart des individus deviennent agressifs lorsqu'ils sont critiqués, même s'ils se soumettent apparemment. Il va de soi que l'on ne peut guère convaincre quelqu'un qui est en colère. Il ne faut donc utiliser la critique que si celle-ci est tactique, et donc que ses effets sont voulus.

Deux mauvais exemples.

- Un automobiliste vient faire assurer une automobile. La vendeuse demande le nombre de CV. Réponse : 4. Réaction de la vendeuse : « Ah ! c'est une petite voiture. »
- Une vendeuse par téléphone contacte un particulier pour lui vendre des meubles. Réaction du particulier :

« Je ne suis pas très intéressé. » Réponse de la vendeuse : « Vous avez tort. » Le particulier raccroche, évidemment !

N'essayez pas d'attraper des mouches avec du vinaigre

« Avez-vous à exposer des vérités peu agréables à des auditeurs que le préjugé aveugle, que la passion domine, que l'habitude entraîne ? Vous devez ménager les esprits, ne rien brusquer, tout adoucir. Êtes-vous obligé de tonner contre des désordres, contre des crimes, et avez-vous à craindre de trop humilier, d'ulcérer même ou de révolter des coupables ? Vous devez témoigner que c'est malgré vous que vous en venez à de dures extrémités, mais que la raison, l'honneur, l'amour du bien, l'intérêt de ceux qui vous écoutent, vous arrache ce que vous voudriez taire. Craignez-vous de faire des impressions fâcheuses? Émoussez vos traits et lancez-les avec moins de force; jetez un voile adroit sur des images trop révoltantes, tempérez les effets d'une lumière trop vive, ayez recours à des expressions, à des tours, à des circonlocutions qui affaiblissent, qui masquent, qui adoucissent ce qui vous paraît trop fort, trop accablant, trop amer. » (A. Girard) [32]

Flattez votre public

Bien qu'efficace, la flatterie est moralement condamnable et peut indisposer. Elle doit donc être soigneusement dosée, en fonction de l'esprit critique du public auquel on s'adresse.

« Vous êtes intuitif, pluridisciplinaire, visionnaire, spirituel, global. Vous croyez aux traditions anciennes comme aux technologies nouvelles. » [33]

Voici un autre exemple qui débute une pub pour une agence d'achat d'espace publicitaire : « Vous êtes les meilleurs créatifs du monde. » [34]

Ces deux flatteries sont un peu excessives, mais les agences de publicité ne font pas n'importe quoi. Elles les estiment donc efficaces. Si votre morale est plus stricte, oubliez la flatterie. Mais ce n'est pas une raison pour prendre votre public à « rebrousse-poil ».

Placez-vous en position de force

Saisissez-vous des signifiants dominants

Suivant les époques et les sujets, il y a des mots, des principes, des idées qui sont incontestables : la paix, la liberté, le profit, l'homme, etc.

Si ces idées sont incontestables, il est impossible de contreargumenter à ce sujet. Il faut donc éviter que l'autre ne les brandisse, de peur d'en être réduit soit à dire « moi aussi », ce qui n'est guère efficace, soit à se saisir de l'inverse, ce qui serait suicidaire. Pour éviter que l'autre ne les utilise, il faut s'en saisir avant lui. C'est un des cas où il est très profitable de parler en premier.

Lors de la séance de l'Assemblée nationale qui suit la déclaration de guerre en août 1914, M. Viviani, président du Conseil s'écrie : « Je salue enfin la France ! Regardez-la telle qu'elle est : elle a le torse droit, elle porte d'une main qui ne tremble pas le drapeau qui abrite nos espérances et nos fiertés. Maintenant, élevons-nous à la hauteur des souvenirs glorieux de notre histoire, faisons face à notre destin, soyons des hommes, et, debout, une fois de plus, acclamons la France immortelle. »[35]

Puis M. Deschanel : « Que nos armées de terre et de mer soient bénies pour le salut de la civilisation et du droit. »[36] En Occident, on ne peut concevoir une guerre qui ne soit pas pour la civilisation ou le droit. Cela console suffisamment les veuves et les orphelins.

En 1945 :

« – À quoi pensez-vous ? me demande mon ami de Londres.

– J'hésite quelques secondes [...] À la France... lui dis-je. »[37]. Il y avait du Déroulède chez M. F. Mauriac.

Cette saisie de signifiants dominants peut s'apparenter à de la pure démagogie : « Laurent Fabius plaide pour la baisse des prélèvements obligatoires. » [38] Évidemment! Quel citoyen a jamais demandé une augmentation des impôts? Remarquez aussi le côté assassin de la formule du journaliste. Si ce Monsieur plaide, cela veut aussi dire qu'il touchera ses honoraires qu'il ait ou non obtenu ce qu'il demandait au nom de son client.

Variation: «Pour les socialistes, il y a toujours une place en politique pour la "liberté libre" » [39] s'écrie un ancien ministre des Beaux-Arts, laissant entendre que la liberté des autres n'est pas vraiment libre. Cela n'a pas grand sens, mais cela sonne bien.

Attaquez en premier

La dissuasion repose sur le fait qu'à une attaque, on répondra par un acte d'un autre niveau, terrifiant, qui dissuadera justement l'autre d'attaquer en premier. Ceci, qui est peut-être vrai dans les relations internationales, ne l'est guère dans les relations privées ou professionnelles.

Pour des raisons psychologiques confuses, la réponse à une attaque, parce qu'elle ne peut être que plus vive que la première attaque, pour avoir un impact, est généralement mal vue. Prenons comme exemple le cas du CRS qui subit, des heures durant, injures et jets de pierres. Il devrait être condamné s'il répond par un coup de matraque trop violent. Ceci, qui est excellent pour éviter «les dérapages», n'est pas d'une totale justice. Heureusement, La Justice veille, et il sera rarement condamné, quoi qu'il ait fait, ce qui n'est pas non plus d'une totale justice! Si vous attaquez quelqu'un par une plaisanterie un peu méchante, votre public rira. Si vous répondez à une telle attaque, vous passerez pour mauvais joueur. Donc attaquez en premier, et ne répondez pas.

Portez le débat sur votre terrain

Il faut porter le débat dans le champ que vous souhaitez et où vous avez l'avantage.

Exemple. On sait que les habitants de la banlieue de Paris ne se sentent pas appartenir à un département et encore moins à un canton, mais à la région parisienne (au sens géographique et non politique). Quand on sait par ailleurs que les transports sont centrés sur Paris et que les départements de la petite couronne sont en forme de haricot, on imagine aisément que les banlieusards sont plus centrés sur Paris que sur leur Région. Par ailleurs, dans un pays qui compte 35 000 communes, 300 cantons, 90 départements et une vingtaine de régions, plus la France, plus l'Europe, on peut penser que certains pourraient souhaiter une diminution de ces niveaux de gouvernement. Mais pour un homme politique, le débat ne peut pas être là. Il doit obtenir que les citoyens votent, même si leur position est celle d'un refus de vote. Un homme politique déclare donc qu'il souhaite que le **« débat soit digne de l'enjeu »** à propos d'élections régionales. Ce qui veut faire croire qu'il y a enjeu, même si la vraie question est : à quoi servent les régions ? Le piège est habile.

Et si vous mentez, allez-y carrément !

En termes d'argumentation, le mensonge doit aller à la rencontre des fantasmes, des désirs et des peurs du public et donc de l'idéologie dominante. Et il doit submerger tous les sentiments contraires. C'est dire qu'il doit être massif, comme il l'est dans la propagande.

En 1914. « La disette en Allemagne et en Autriche. »

Les voyageurs arrivés des pays belligérants racontent que l'Allemagne et l'Autriche souffrent déjà de la disette ; un renchérissement considérable des vivres se fait sentir dans les grands centres tels que Cologne, Berlin, Trieste et Budapest. »[40]

En 1940. « Dans tous les pays capitalistes du vieux continent les produits les plus indispensables à la vie des hommes manquent, comme conséquence de la guerre impérialiste. Les cartes de rationnement, les longues «queues» devant les boutiques, la menace de la famine, telles sont les dernières horreurs du système capitaliste couvert de sang et de boue. Mais il y a un pays où il n'y a ni cartes de rationnement, ni queue ni misère, ce pays c'est le pays du socialisme, c'est l'URSS qui depuis un an a libéré sans guerre 23 millions d'êtres humains, et qui constitue avec ses 193 millions... »[41]

En 1968. POMPIDOU : «... il y avait encore et ceci est plus grave des individus déterminés, munis de moyens importants, d'un matériel adapté aux combats de rue, dépendant à l'évidence d'une organisation internationale et dont je ne crois pas m'aventurer en pensant qu'elle vise non seulement à créer la subversion dans les pays occidentaux, mais à troubler Paris au moment même où notre capitale est devenue le rendez-vous de la paix en Extrême-Orient. »[42] Version classique du complot international. Quant au matériel adapté aux combats de rue, il était surtout constitué de couvercles de poubelles, comme en témoignent les photos de l'époque. L'histoire de France a connu des barricades autrement meurtrières.

Évitez de donner prise
à la contre-argumentation

« Vous aurez beau faire de magnifiques raisonnements
parés de superbes phrases, on trouvera bien
dans son esprit de quoi les éluder.
Qui sait même si l'esprit français,
d'un seul mot méchant, ne jettera pas par terre
votre superbe échafaudage d'arguments. »
MULLOIS, *Cours d'éloquence sacrée populaire.*

Gardez la mesure

« Or l'aventure spirituelle de l'humanité a précisément commencé, avec Abraham, à Ur en Chaldée, dans ces régions d'Orient [...] ». [43] Ni la Chine, ni l'Inde, ni l'Égypte, ni les sociétés sans écriture, n'ont sans doute à voir avec l'aventure spirituelle de l'humanité. Mais peut-être avec son histoire ?

« Seule l'Amérique peut mener le monde. Elle reste en effet la seule civilisation internationale et universelle dans l'histoire de l'humanité. » [44] L'histoire de l'humanité a cent mille ans, dont nous ne connaissons que trois mille. Dieu sait ce qui a pu se produire durant une telle période ! Et puis que veut dire « universelle » ? Et enfin, cette « civilisation » s'est construite sur le génocide de millions d'Indiens.

« Des communistes que l'occasion réanime, une extrême droite antisémite qui pense que les juifs manipulent cette crise, des écologistes tendance vert-de-gris [...] » [45] « Vert-de-gris » renvoie très précisément aux uniformes des troupes d'occupation allemandes pendant la guerre de 1939-45. On peut penser ce que l'on veut des écologistes, mais de là à les assimiler à des troupes d'occupation !

Sous le titre : « Contre le crétinisme international » (Crétin : *« Nom d'individus de l'espèce humaine disgraciés de la nature, de l'idiotisme le plus complet, d'une taille de moins de cinq pieds, et ayant la tête mal conformée, l'apparence extérieure chétive et la peau flétrie, jaunâtre ou pâle... »* Littré, 1873.), A. Joxe s'en prend à R. Debray.

Contexte : les bombardements de la Serbie, pays souverain, sans déclaration de guerre ni mandat de l'ONU pour stopper des « crimes contre l'humanité » (dixit les assaillants) au Kosovo, province serbe. R. Debray est allé passer 5 jours au Kosovo, ce qui est peu et pourrait laisser entendre qu'il s'est fait manipuler, comme tant de ses illustres devanciers intellectuels en URSS du temps de Staline. Il est difficile de résumer l'article de R. Debray, mais grosso modo, il écrit que les choses ne sont pas si simples et que les torts sont quelque peu partagés. C'est son droit et il peut évidemment se tromper lourdement.

A. Joxe, lui, ne peut pas se tromper. Il n'est pas allé au Kosovo, mais il sait. C'est le privilège des intellectuels parisiens de savoir sans avoir vu. Il s'appuie sur des témoignages, d'autres témoignages, mais surtout, il injurie son adversaire, ce qui est plus court qu'une démonstration.

« R. Debray déraille et c'est pitié » attaque-t-il dès la première phrase, puis : « il patauge, profère des lieux communs... ». « C'est, me semble-t-il de la pure tartuferie... » « Un étudiant de 1ᵉʳ année de Sciences-Po serait plus prudent ». « Faute d'avoir choisi la démocratie contre le fascisme, Debray rallie le clan des intellectuels narcissiques... ». « Pour faire parler de lui... » Nous n'avons dépouillé que la première colonne ! Le procédé est classique et vieux comme le monde : déconsidérer l'adversaire au lieu de le réfuter. Mais vis-à-vis d'un public sérieux, ce n'est pas l'adversaire qui apparaît déconsidéré, mais bel et bien l'auteur.

Évitez les arguments qui pourraient être retournés

Quel que soit l'argument ou le procédé rhétorique utilisé, il faut éviter de dire quoi que ce soit qui pourrait être retourné trop aisément contre vous.

> Totalfina + ELF : offre publique d'échange
> aux actionnaires d'ELF-Aquitaine.
> Proposer un projet simple et clair c'est une évidence [...]
> La force du projet de Totalfina
> est dans sa simplicité : unir tous les métiers
> de notre industrie [...]
> La force de l'évidence [46]

La faille de cette publicité n'a pas échappé aux adversaires ou à leurs publicitaires :

> « Avant Copernic, il était évident que la Terre était le centre de l'univers.
> Ce qui est nouveau ne peut pas être évident. Et notre projet est très innovant. » [47]

Le retournement de l'argument était... évident !

Dans le compte rendu d'un ouvrage sur les relations entre le Général de Gaulle et le journal *Le Monde*, un journaliste écrit : « La presse, à vrai dire, lui [de Gaulle] inspirait des sentiments assez peu favorables. Comme Hubert Beuve-Méry lui-même, il avait conservé des quotidiens d'avant-guerre, rongés par la corruption, un souvenir dégoûté. » [48] La phrase n'est pas très heureuse dans un article qui veut certes... « éviter l'autosatisfaction » (autre phrase malheureuse qui attire l'attention sur ce qui n'est pas évité), mais qui est cependant un éloge du journal *Le Monde*, car elle peut être aisément retournée : pourquoi, à la différence des journaux d'avant-guerre, les journaux actuels seraient-ils indemnes de corruption ? Même si cela est vrai, la réponse à une telle question soulèverait d'autres questions auxquelles il serait fort difficile de répondre... de façon convaincante.

FRANCE TELECOM envoie un courrier à ses abonnés :

« En changeant de statut le 1er janvier, France Télécom a adopté les règles communes qui régissent les relations de toute entreprise avec ses clients. »

Quel aveu ! Et connaissant les difficultés de changement de culture d'entreprise, le client doutera fort de ce changement et sera conforté dans sa méfiance vis-à-vis de cette administration, même si son statut officiel a changé. Le courrier n'aura donc pas le sens d'une volonté de changement mais bel et bien d'un aveu.

Delebarre : « Je ne suis pas un ministre gadget. »[49]

Ah ! Monsieur le ministre, c'est le mot que je cherchais !

Il faut donc être très critique vis-à-vis de soi-même, de façon à ne pas donner prise à une interprétation tout à fait contraire à celle que l'on a prévue.

Soyez prudent dans ce que vous avancez

De tout temps, certains individus ont tranché de tout et avec superbe.

« Bientôt des torrents innombrables jaillirent du pôle du Nord, qui était alors le plus chargé de glaces, puisque le déluge commença le 17 février. » (Bernardin de Saint-Pierre)[50]

Heureux homme qui peut dater au jour près un événement qui n'a peut-être jamais existé !

« Le sujet de l'Incarnation n'est pas la première mais la deuxième personne de la Trinité. Et la meilleure preuve, soit dit en passant, que l'homme est triadique et ternaire, c'est que Dieu est Trinité. » (R. Debray)[51]

Deux lignes pour un sujet qui demanderait de lourds tomes thomistes.

Pompidou [52] en juin 1968 : « Partout où l'on a voté à bulletins secrets, c'est la reprise. » Imprudence ou… propagande ? Qui a pu vérifier le « partout » ?

On peut se permettre cette superbe en position de pouvoir. Dans les autres cas, il faut une certaine prudence. On exclura donc systématiquement, sauf exception bien pensée, toutes les formulations du type « tous les Français pensent que », car il ne serait pas difficile de trouver au moins un Français qui pense différemment.

Particulièrement dans les domaines où l'on n'a qu'une compétence partielle, on évitera les « tous » au profit de « certains » ou de « quelques-uns ». On utilisera donc des formules qui ne permettent pas une contradiction trop facile. « **Jamais depuis des siècles, il n'y a eu sur cette terre autant de conflits à la fois.** » [53] Il n'y a guère de statistiques à ce sujet. On pourrait soutenir l'inverse. De même, à propos d'un ouvrage sur les masques Dogons qui remet en cause les interprétations de M. Griaule selon l'hypothèse que l'indigène (!) ne cherche souvent par gentillesse ou intérêt qu'à dire ce que l'on souhaite qu'il dise, un critique écrit : « **Une hypothèse tellement simple que personne jusque-là n'y avait pensé.** » Or, il y a d'innombrables livres sur l'entretien qui glosent sur ce fait en long, large et travers. Si l'auteur veut seulement avancer qu'aucun chercheur officiel n'avait osé écrire que Griaule était d'abord un grand romancier, bien…

En dehors de votre domaine de compétence, assurez-vous de ce que vous avancez

« Les Anciens ne pensaient pas perdre leur virilité en utilisant des parfums : "La femme du guerrier oint des senteurs les plus douces son mari un peu las" écrit Homère. Athènes invente le vaporisateur pour satisfaire la clientèle masculine. Et "César s'inonde de parfums " écrivait Suétone, chroniqueur mondain de l'époque. » (M.-C. Vettraino-Soulard) [54]

Il faut beaucoup d'audace, ou d'ignorance ou de… pour faire de Suétone, le chroniqueur des turpitudes des Césars, un chroniqueur « mondain ». Voici ce qu'on peut lire en quatrième de couverture d'une édition de poche de cet auteur : « L'uniformité de ton, la monotonie dans le récit de tant de meurtres, de supplices et d'entreprises délirantes exécutées à l'échelle de l'empire, prend le caractère solennel et angoissant de la répétition chaque nuit du même cauchemar. Je m'enferme avec Suétone ; j'ai déjà connu cette torpeur, ces moiteurs, c'était quand je lisais *Juliette ou les prospérités du vice*» (R. Vailland)[55]. Il n'était donc même pas nécessaire d'ouvrir l'ouvrage ! Caricature des années trente : « Mon père était colonel, mais il a été cassé, parce qu'un jour, il a dit merde à son capitaine.» La jeune femme qui parle ainsi révèle son ignorance de la chose militaire et du même coup son mensonge.

N'étendez pas indûment votre domaine de compétence

« Si l'on reprend le principe des intervalles (que tout le monde devrait connaître), le n° précède le n. Par conséquent la première année de notre ère a précédé l'an 1. À la fin de cette année, notre ère avait donc 1 an. [...] Ainsi le premier janvier 2000, notre ère aura bien 2000 ans et nous entrerons de ce fait dans le troisième millénaire. N'en déplaise à certains qui oublient trop souvent qu'il y a eu 365 jours, 5 heures et 49 minutes avant l'an 1. »[56] L'auteur, informaticien, le prend de haut et étale une compétence technique parfaitement justifiée en informatique, algèbre, etc. Il oublie un phénomène humain. Personne ne date à partir de zéro. On voit mal en 1793 proclamer l'An Zéro de la République. On a proclamé l'An I pour d'évidentes raisons psychologiques. Il en est, bien sûr, de même pour l'an 1 de l'ère chrétienne. Ajoutons que le zéro est d'invention récente et d'utilisation encore plus récente.

Évitez la possibilité de citations malheureuses

« Pour accéder au pouvoir, ou pour y demeurer, il suffit en effet maintenant de détenir une majorité à l'Assemblée nationale. Si un parti ne dispose pas de cette capacité, une coalition d'intérêts devient nécessaire [...] ». [57]

La phrase est malheureuse, car si l'on ne garde que la première partie, cela devient une remise en question du système électoral.

« La privatisation du GAN ne sera pas gênée par l'action d'une commission d'enquête parlementaire... » [58] L'auteur voulait sans doute dire « retardée ». « Gênée » laisse entendre que si les élus du peuple se mêlent de ce qui les regardent, cela devient insupportable... Une citation mal intentionnée pourrait accuser l'auteur d'antiparlementarisme.

Évitez les aveux

À propos de la dévaluation du franc CFA en 1994, le ministre français de la coopération écrit : « [...] Cette mesure courageuse était nécessaire ; elle a été prise avec sérieux. » [59] Se croire obligé d'affirmer le sérieux d'une mesure laisse trop entendre que la mesure a, de fait, été prise dans une belle pagaille.

Jouez au billard

Le principe du billard, c'est que les coups ne sont pas directs.

Sous le titre « Partie de billard à l'Assemblée », P. Robert-Diard écrit : « M. J. Chirac pensait atteindre M. F. Mitterrand à travers sa question à Mme E. Cresson. Mme Cresson voulait blesser

M. Chirac, en évoquant dans sa réponse, M. R. Barre. Et finale-
ment, M. Barre a réglé ses comptes avec M. Chirac. » [60]

C'est un bon moyen d'éviter une réfutation que de ne pas viser
directement l'adversaire, mais de viser une tierce personne qui,
elle, réglera vos comptes avec cet adversaire. Vous, vous n'avez
rien dit !

Face aux puissants, soyez factuel

Tous les débats n'ont pas lieu dans un salon entre gens de bonne
compagnie. Certains sont publics et certains pourraient donner
lieu à un procès en diffamation. C'est le cas pour les journalistes,
mais si vous écrivez un rapport qui pourrait être rendu public, il
est sage d'être prudent. Dans ce cas tenez-vous-en aux faits. Ils
parleront d'eux-mêmes. Voici par exemple comment un journaliste rapporte une situation, sans user d'aucun qualificatif, sans
porter aucun jugement, en s'en tenant à des faits publics et non
contestables.

Un particulier, propriétaire d'un appartement, emprunte avec
hypothèque pour créer une société qui ne réussit pas et est donc
incapable de rembourser. L'organisme prêteur, le Crédit Foncier,
met en vente l'appartement après avoir passé « une seule annonce
légale dans un journal local. Le Crédit Foncier fixe la mise à
prix à 260 000 francs [...]. À peine la moitié du prix du marché.
[...] L'avocat du créancier (Le Crédit foncier) se présentera
seul et il sera déclaré adjudicataire pour la somme de 265 000
francs. » Le Crédit Foncier veut bien revendre mais à 500 000
francs. Les faits parlent d'eux-mêmes.

Ne soyez pas trop pressant

Evitez l'erreur qui consiste à mitrailler l'autre d'arguments si excellents soient-ils. Personne n'aime être bousculé quand de plus il doit

admettre qu'il a tort. Laissez l'autre respirer, réfléchir, faire la balance entre ce qu'il gagne et ce qu'il perd s'il change d'opinion. Ne prenez pas non plus un air triomphant si vous voyez que l'autre commence à hésiter. Et surtout ne dites pas « Vous voyez que j'avais raison… » Il pourrait de nouveau changer d'avis, rien que par agacement.

Vous recherchez une adhésion vraie, pas l'accord momentané de quelqu'un qui se sent « coincé » et veut surtout se débarrasser de vous…

Donnez-vous du prestige

Tout ce que nous venons de dire relève du faire. Mais nous l'avons dit, l'être, être persuasif, est beaucoup plus efficace. Le point est donc de s'affubler d'un certain prestige, dont nous avons vu combien il donnait de l'autorité. Or on n'est jamais si bien servi que par soi-même. Il arrive, par exemple, que l'on soit interviewé, fût-ce dans le journal local ou celui de l'entreprise. Il peut même arriver de passer à la télévision, fût-ce après minuit. Il vous faut vous présenter ou être présenté. Vous présenter ne consiste surtout pas à dire ce que vous êtes vraiment, ce dont tout le monde se moque et qui pourrait même vous desservir. Il faut présenter ce que l'on attend de vous avec une touche originale qui empêche de vous confondre avec les autres et vous fasse acquérir un certain prestige.

Une animatrice d'émission télévisée se présente ainsi :

« J'aime me mettre en danger, bouger en fonction de mes désirs. La télévision n'est pas un métier, c'est une passion. » Trois bons point en deux phrases : danger, désir, passion.

Puis : « J'aime donner à voir autrement. » « Mon travail se confond avec ma vie. » Excellent.

Faisant parler d'elle :

« Elle porte sur les êtres un regard personnel, bien au-delà des apparences, donnant à voir l'invisible et à faire entendre l'indicible. »

« Ses débuts furent étincelants... Elle imposa un style... En cela, elle contribua à changer l'histoire de la télévision » [61]

Voici d'autres exemples où des artistes sont présentés par des journalistes.

« À quatre-vingts ans, il est toujours en pleine effervescence créatrice. Son esprit bouge plus vite que les ordinateurs qu'il utilise maintenant pour concevoir ses chorégraphies. »

« Soixante ans, provocateur, séducteur, loquace et secret. »

« Artiste multimédia, plasticienne, musicienne vocaliste, instrumentiste et écrivain. Inclassable. Un rien excentrique et lunaire, l'humour délicatement piquant... »

« Tensions du flux et de l'image, flux de la mémoire et du hasard... la nouvelle machine multimédia de la compagnie japonaise. »

« Dans les années 70, à New York, ils ont inventé un nouveau théâtre, libre, transgresssif, mêlant tous les genres et bousculant tous les codes. [...] Aujourd'hui, ils sont toujours aussi inventifs et subversifs .»

« Placé sous l'égide d'Arthaud et de Nietzsche, A. mêle informatique de pointe, expression baroque et tragédie grecque. » [62]

Ces citations concernent chacune un artiste différent. Les adjectifs sont à peu près interchangeables. Certains, sinon tous, pourraient donc vous décrire !

Ne vous contentez pas d'un catalogue, créez un scénario

Un argumentaire, si travaillé qu'il puisse être, serait fort peu persuasif s'il en restait à l'état d'une succession d'idées. Deux étapes restent à franchir : le passage au scénario et la mise en scène de ce scénario.

Qu'est-ce qu'un scénario ? Un scénario, c'est une succesion d'événements qui vont faire penser le lecteur, l'auditeur ou le spectateur à un certain nombre d'idées et, surtout, lui faire éprouver certains sentiments. Généralement, il se conclura par un temps fort : *happy end* ou au contraire mort du héros. Comme toute pièce classique, il utilisera un temps d'exposition de l'action et de présentation des protagonistes, puis un temps où l'action se nouera, une série de quiproquos, de retournements de situation, d'actions parallèles qui enrichiront la situation de départ et feront éprouver les sentiments d'attente, de peur, de désir, etc. Puis un dénouement attendu ou au contraire inattendu. Un scénario, c'est de l'action. Mais ce n'est pas une action linéaire. Pour être vivante, entraînante, une bonne argumentation doit donc déterminer une coloration générale, un leitmotiv, des mouvements, des jeux d'aller et retour, qui permettent à la fois de noyer certains poissons et de mettre en valeur d'autres éléments. Osons une comparaison musicale. Une symphonie débutera par un mouvement plus ou moins lent, suivi d'un mouvement nettement plus rapide. Elle alternera les cordes et les cuivres. Elle utilisera des crescendo ponctués de coups de cymbales. La musique est en quelque sorte un dessin sonore se développant dans le temps. Il en est de même d'une plaidoirie d'assises.

Il n'y a aucune raison de ne pas utiliser ces moyens dans d'autres circonstances, même si, souvent, ils doivent être atténués. Vous pourrez mêler à loisir arguments intellectuels et affectifs, allusions, repentirs, dénégations, glissements de sens, attaques personnelles, etc. et aussi digressions. [63]

Il va de soi que cela est beaucoup plus facile par oral que par écrit, la voix et le corps permettant un enrichissement des moyens utilisés. Nous verrons cependant que l'écrit dispose de moyens spécifiques de mise en scène.

Certes, quelques publics vous sauront gré de votre rigueur. La plupart des autres attendront d'être étonnés, séduits, conquis. Ni votre physique, sauf heureuses exceptions, ni le fond de votre pensée, avec de beaucoup plus nombreuses exceptions, ne seront suffisants.

La surface de projection

Nous l'avons dit, une argumentation doit être centrée sur la psychologie de l'autre. Nous avons souligné également que l'outil de réorganisation mentale utilisé par l'argumentation c'est le ou les désirs de l'autre. Nous avons aussi remarqué que le risque avec un public important était de ne pouvoir centrer sur des psychologies trop diverses.

Cette difficulté peut être en partie tournée en utilisant une argumentation qui ne fournit qu'un cadre. Au lecteur ou à l'auditeur de remplir ce cadre avec son imagination et son désir. Lui ne peut se tromper sur ce qu'il désire ! C'est aussi une partie de la mise en scène que de ne pas tout dire, de seulement suggérer ou de dire à côté en spéculant sur le fait qu'autrui complétera de lui-même le décor planté.

Exemple. Une algérienne torturée par des soldats français recherche le médecin, français également, qui lui a sauvé la vie, dans un article publié par le journal *Le Monde*. S'ensuivent quelques articles sur la torture. Dont celui d'un révérend père : «... la plupart des Algériens anciennement torturés par nos soins, loin de manifester à notre endroit des sentiments vindicatifs, ainsi que le font souvent les ex-victimes qui ne craignent pas de devenir des relanceurs de dettes insatiables !... » [64]

L'attaque est aussi floue que virulente. Chaque lecteur imaginera qui il veut derrière ces ex-victimes.

Une partie de votre argumentation doit donc être suffisamment vide ou floue pour n'être qu'une surface de projection pour le lecteur ou l'auditeur. Une pièce de théâtre, un film ne vont pas, tout au long, expliciter la psychologie de tel ou tel personnage. L'acteur par quelques gestes ou mimiques va simplement suggérer tel ou tel élément. L'imagination du spectateur va amplifier ces éléments, les modifier, y projeter sa propre psychologie. Chacun sait que les plus belles femmes ne sont pas les plus jolies, mais celles qui font le plus rêver.

Deux pas en avant, un pas en arrière

Une seconde possibilité est celle que nous qualifierons d'alternance. Il s'agit d'avancer des pions, puis de reculer, de faire de fausses concessions, de repartir à l'assaut, de mêler vérités indiscutables et propositions fallacieuses... Ici, c'est le mouvement qui est argument et non telle ou telle proposition avancée. Il va de soi qu'il faut alors un texte ou un discours relativement longs. Ce jeu sur des alternances peut se limiter à la forme « passer du plaisant au sévère », d'un ton intimiste à un ton plus dramatique, etc. On peut pour faciliter ces alternances utiliser quelques chevilles. Après une plaisanterie visant un adversaire : soyons sérieux... Après une phase sérieuse : si je pouvais me permettre une plaisanterie sur un sujet aussi grave, je dirais...

Exemple. Un personnage politique défend des douaniers emprisonnés par des juges pour des raisons que nous ignorons, mais qui seraient qu'ils ont employé des méthodes illégales pour arrêter des trafiquants de drogue. Un seul véritable argument est employé : c'est la guerre avec les trafiquants et il ne faut pas s'embarrasser d'un juridisme étroit. Nous avons déjà fait allusion à cet argument précédemment et le juridisme étroit, c'est le droit tout court !

Un autre élément est utilisé qui n'est pas un argument au sens strict du terme : les familles me comprendront, elles qui vivent dans la hantise de la drogue. Un autre élément est mis en jeu : je ne prends pas parti, puisque je ne connais pas le dossier (!). Un autre élément encore : s'il le faut, j'irai serrer la main des douaniers en prison, sous-entendu, je suis un chef qui prend ses responsabilités et qui ne laisse pas « tomber » ses subordonnés.

D'autres éléments étaient présents que nous n'avons pas retenus. Mais ce qui était intéressant était l'aller et retour constant entre ces éléments. « Les familles qui me comprendront » revenait comme un leitmotiv et littéralement orchestrait le reste. Quant aux autres éléments, ils intervenaient souvent pour atténuer ou nier ce qui venait d'être dit et était redit quelques instants après. De cet ensemble torrentueux ne surnageait que quelque chose de très affectif lié à « guerre aux trafiquants, les familles me comprennent. » C'était extrêmement bien fait et passablement méprisable !

Face à une telle argumentation, on pourrait tenter une réfutation en saisissant un signifiant dominant : « On fait n'importe quoi au nom de la guerre contre la drogue et contre la délinquance. La police n'a pas à faire la guerre, mais son devoir. »[65]

Mais ceci ne serait efficace que vis-à-vis d'une partie restreinte du public.

Le double négatif

Une autre possibilité est offerte par l'utilisation d'un double négatif. La meilleure réfutation est souvent une contre-argumentation, soit *a priori*, soit vis-à-vis d'un adversaire imaginaire. Le procédé consiste soit à imaginer soit à prêter à son adversaire des arguments, faciles à réfuter, que l'on se fera un plaisir de réfuter. L'autre aura beau dire qu'il n'a jamais dit cela, il en restera un doute, car peu iront vérifier sérieusement. De même, l'on se fera à soi-même des objections, tout aussi faciles à réfuter, que l'on réfutera donc. Il est évidemment plus simple de faire soi-même les questions et les réponses ! Ou « On n'est jamais si bien servi que par soi-même. »

Il va de soi que tout cela est plus facile oralement que par écrit.

Le scénario sans arguments

Dans d'autres cas, c'est le scénario lui-même qui sera le fond de « l'argumentation », les arguments présentés comme tels n'étant que des leurres. Un agencement particulier des phrases dans un texte pourra donc servir « d'argument ».

Voici un exemple de cette technique : « Ce n'est pas en introduisant dans l'école la culture "hip-hop" qu'on donnera aux professeurs les moyens de bien faire leur travail. Pédagogie n'est pas démagogie, l'instruction publique ne doit pas devenir une sous-traitance de la communication sociale. Les élèves sont en droit d'avoir des maîtres capables non de leur décerner des diplômes à l'encan mais de leur donner la culture générale, les savoirs et les savoir-faire indispensables pour être libres et pour s'orienter dans la vie. Encore faut-il, si l'on veut répondre à cette exigence, cesser de déqualifier les futurs professeurs pour en faire de bons enseignants, comme c'est le cas dans les instituts universitaires de formation des maîtres où, sous prétexte de "professionnalisation", l'enseignement de la psychologie, de la pédagogie et de la communication marginalise l'enseignement des disciplines. »[66]

Le texte est un peu long, mais les auteurs, s'ils sont enseignants, estiment la pédagogie « marginale ». Le procédé utilisé est intéressant. En effet, ce que les auteurs veulent, c'est de l'élitisme « de gauche ». Or, si la pédagogie a de l'intérêt, c'est particulièrement dans les milieux culturellement défavorisés où l'accès au savoir, et même l'intérêt pour ce savoir ne vont pas de soi. Pour déconsidérer cette pédagogie, les auteurs l'assimilent à la « communication », en fait, sans le dire, à la pub : fin du paragraphe.

Pour renforcer cette assimilation, le début du paragraphe parlera de culture « hip-hop » et la fin du paragraphe de pédagogie, de psychologie et de communication. Le lecteur en diagonale, ne lisant que le début et la fin du paragraphe, amalgamera les deux.

On voit que le procédé est d'autant plus sophistiqué que les auteurs pourront se défendre aisément en assimilant la dénonciation de ce procédé à de la mauvaise foi.

Partie II

La mise en forme de l'argumentation persuasive

Chapitre 4

Soignez la présentation de votre argumentation

« *Le diable est dans les détails.* »
Proverbe

Dans les relations avec autrui, la forme compte autant que le fond. Une remarque n'aura pas le même sens si vous la proférez avec un air sévère, moqueur ou souriant.

Par ailleurs, une argumentation en règle a toujours quelque chose de lourd. Pour prendre un exemple, une propagande bien menée peut être aussi efficace que l'attaque frontale d'une division blindée. Elle est aussi moins coûteuse.

Dans l'art de persuader, il faut donc distinguer les arguments en tant que tels, qui sont certes nécessaires, et un certain nombre de façons de faire, tout aussi efficaces, surtout lorsqu'elles ont l'air « de ne pas y toucher ».

Il va de soi que ces façons ne sont pas toujours d'une grande élégance morale. À vous de choisir, en fonction de votre public… et de votre rigueur.

Un préalable : soyez clair

Tous les bons auteurs conseillent d'être clair : « Il y a des orateurs qui, amoureux de la brièveté jusqu'à l'excès, retranchent de l'oraison non seulement tous les mots superflus, mais même les nécessaires et qui, pourvu qu'ils s'entendent eux-mêmes, ne se mettent pas en peine d'être entendus des autres. [...] D'autres ont une malheureuse abondance de termes inutiles... Il donnent à leurs phrases, à leurs périodes, une telle étendue, qu'il n'y a pas d'homme qui puisse les prononcer d'une haleine. Ils usent de circonlocutions pour dire les choses les plus simples ; leur discours n'est que verbiage. » (Quintilien)[67]

« [...] il n'y a guère de plus mauvais caractères d'esprit que celui de ces écrivains énigmatiques qui s'imaginent que les pensées les moins solides, pour ne pas dire les plus fausses et les plus impies, passeront pour de grands mystères, étant revêtues des manières de parler inintelligibles au commun des hommes. » (Arnaud et Nicolle)[68]

Toute personne ayant lu une notice d'installation d'appareil ménager sait combien être clair est difficile. Nous verrons par la suite qu'il est parfois prestigieux d'être obscur, et que cela confère une certaine autorité. Mais dans la plupart des cas être clair est un avantage… et à tout le moins une politesse. Voici un contre-exemple.

« Le premier ministre a annoncé la création d'une télévision interactive pour l'emploi, gérée par les municipalités. [...] Comme il est très improbable que la plupart des villes, désireuses de s'engager dans cette affaire, ne soient pas à même de concevoir un programme d'émissions, le gouvernement pourrait procéder rapidement à un appel d'offres. »[69]

Il est bien difficile de savoir si les villes sont à même de concevoir un programme d'émissions ou non. Certes, après longue réflexion… mais qui s'en donnera la peine ? La double négation était bien inutile ici.

Utilisez des arguments de forme si vous n'avez pas d'arguments de fond

Utilisez vis-à-vis de votre adversaire des formulations privatives

Le vocabulaire dispose dans certains cas de termes pour signifier une chose et d'un autre terme pour signifier son inverse ou le fait d'être privé de cette chose : à travailleur s'oppose chômeur. Dans d'autres cas, ce terme n'existe pas et l'on utilise le même mot plus un élément privatif. Qui n'a pas d'ailes : aptère ; qui ne croit pas en Dieu : athée ; qui ne peut parler : aphasique. Il y a donc ceux qui possèdent la plénitude et ceux qui se débattent avec l'incomplétude et le manque.

Dans d'autres cas encore, on ne dispose que d'un élément linguistique qui signifie l'opposition : démocrate/antidémocrate. Le adémocrate n'existe pas. De même, on a le couple sympathique/antipathique, mais apathique appartient à une autre série de significations. Curieusement, bien que l'on puisse penser que le fait d'être athée est beaucoup plus difficile que de ne pas l'être, car cela demande beaucoup plus de rigueur morale personnelle, il reste attaché à athée, en raison de l'a privatif, une connotation négative. Cela est encore plus net lorsque la langue, reflétant l'idéologie dominante, vous somme de choisir entre le bien et le mal comme dans démocrate / antidémocrate. On ne peut être indifférent.

En termes d'argumentation, cela a une implication importante. Il faut toujours se situer par un vocabulaire positif et toujours situer l'autre dans une position de privation, de manque et… de développement intellectuel, moral ou civique, incomplet. L'autre doit toujours être a-typique, a-moral, a-social, etc.

Dépréciez la position de votre adversaire

Il s'agit moins d'une attaque frontale que d'une dépréciation subtile le plus souvent en utilisant des adjectifs. Le texte suivant est extrait d'un article sur les soubresauts de la chute du régime communiste en Roumanie. Seuls les spécialistes se souviennent des détails et nous n'y reviendrons pas. À un moment, cependant les ouvriers mineurs viennent dans la capitale et il s'ensuit des scènes de violence. Pour déprécier l'adversaire, les mineurs en l'occurrence, l'auteur écrit : « les milliers de mineurs du Jiu, isolés, abrutis par un travail épuisant et dangereux, et par l'alcool. » Il n'y a pas, évidemment, à discuter la position politique d'alcooliques.

« Le petit prof de philo de l'Université d'Ayacucho, auteur d'une thèse simpliste sur la théorie kantienne de l'espace... » [70] À propos de A. Guzman, chef historique du Sentier Lumineux. Que cet homme soit un criminel, c'est fort probable. Mais honnêtement, l'auteur de cet article a-t-il lu ladite thèse ? Qu'importe ! « Simpliste » remplace une série d'arguments.

« Libre à Régis Debray, perclus de souvenirs guévaristes... » [71] Mot vieilli, perclus, n'est guère plus utilisé que dans l'expression : perclus de rhumatismes. Façon comme une autre de dire que Debray n'est qu'un vieux... (le lecteur complétera de lui-même).

« On trouve aussi bien sur Internet les communiqués de l'Otan que la propagande de Belgrade... » [72] L'auteur veut évidemment opposer le mensonge à la vérité. Il oublie qu'en France, les guerres de 1914/18 et 1939/45 nous ont appris le caractère parfaitement fantasmatique des communiqués militaires !

Utilisez l'insinuation

« Il ne sert à rien de déplorer ou de s'indigner que des jeunes gens [*i.e.* des étudiants], à bien des points de vue privilégiés, même si leur vie quotidienne n'est pas exempte de difficultés matérielles, psychologiques et morales, réclament encore et encore, un accroissement en catastrophe du budget, déjà vertigineux, de l'éducation, en oubliant allègrement, en dépit de la « générosité » dont on les crédite avec jobardise, que d'autres catégories infiniment plus défavorisées ont des droits plus certains à une sollicitude accrue des pouvoirs publics. »[73]

Le procédé est intéressant. Pour déconsidérer un mouvement étudiant, on dénie à ces derniers une générosité d'ordre moral dont on les a crédités au vu d'autres manifestations. Si les étudiants, catégorie très vaste et très diverse, réclament les moyens de travailler, ce n'est probablement pas au détriment des SDF. Ayant dénié leur générosité, on insinue qu'en fait ils sont d'un égoïsme forcené.

Avouez ce qui est connu de tous

« À celle-ci [la classe politique], nous reprochons sa corruption et son impunité, mais nous tenons à ce que les citoyens ignorent : nos voyages organisés, les liens matrimoniaux de certaines de nos stars avec des ministres, les charges d'état que nous valent nos assauts de courtisanerie, nos retournements de veste maquillés en preuve de talent, nos éclectismes calculés, nos ralliements monnayés, les salaires de nos vedettes, le culot avec lequel nous ne reconnaissons pas nos erreurs, nos sociétés de production montées grâce à nos emplois publics, nos cumuls et échanges d'influence entre l'édition, la critique et les jurys de prix, le népotisme dans le recrutement des rédactions et des équipes d'émissions, la complaisance des matraquages promotionnels, nos privilèges fiscaux, notre complicité active dans les atteintes à la vie privée, et autres coquineries ordinaires qui nous indignent tant, chez les autres... » [74]

L'avantage d'un tel aveu collectif, c'est que l'auteur sous-entend que lui, personnellement, est indemne de telles pratiques, puisqu'il les dénonce...

Commencez par des concessions de pure forme

« Est-ce que Franco massacre les femmes et les enfants ? » Cette question, c'est notre bon confrère S. Lauzanne qui la pose dans Le Matin de lundi dernier. Et qui la pose avec une ingénuité si désarmante qu'elle arrête la paire de claques au vol. Son article porte le titre charmant : LE CHANTAGE À LA PITIÉ. "Évidemment, commence-t-il, le cœur se serre quand on lit les descriptions de ces interminables cortèges de femmes et d'enfants... Mais même lorsque le cœur se serre, la raison doit rester lucide." Et faisant un effort pour être raisonnable, comme on doit l'être au pays de Descartes, Lauzanne desserre son cœur pour écrire, d'une main lucide : "Il y a plusieurs sortes de chantage : il y a le chantage à la menace et il y a le chantage à la pitié. La France qui est inaccessible à l'un doit s'employer à faire cesser l'autre. " » [75]

L'auteur démonte parfaitement le mécanisme utilisé par son adversaire : concession de pure forme, qui permet ensuite d'avoir une position d'autant plus dure.

Chapitre 5

Choisissez votre média en fonction de votre message et de votre public

Le choix à effectuer se situe essentiellement entre une présentation écrite ou orale, car l'utilisation de graphiques, cartes, schémas est surtout un appui qui peut intervenir dans les deux formes précédentes.

Ce choix obéit le plus souvent à des considérations externes : si votre patron vous demande une note, il faudra écrire ; si vous êtes convoqué à une réunion, il vous faudra parler.

Cependant, dans certains cas, vous aurez le choix entre ces deux moyens d'expression et vous devrez donc réfléchir au moyen le plus efficace en fonction de votre objectif et du public auquel vous vous adressez. Dans les deux cas, interrogez-vous aussi sur la partie de l'information que vous transmettrez graphiquement. De nos jours et avec les facilités offertes par certains logiciels, il serait absurde de se priver de l'impact graphique.

Pour en revenir aux deux médias fondamentaux, l'écrit est plutôt utilisé :

- pour une communication impersonnelle ;
- pour une diffusion importante dans le temps et l'espace ;
- s'il faut un archivage facile ;

- s'il y a des décisions cruciales à prendre et qu'il faille une longue réflexion ;
- s'il y a besoin de corrections.

L'oral est plutôt utilisé :

- s'il s'agit de matières confidentielles ;
- s'il faut de la chaleur, du charme, de la séduction... ;
- s'il faut faire vite ;
- s'il faut un échange rapide ;
- s'il y a plusieurs personnes à mettre d'accord.

Par ailleurs, on peut remarquer que lecteur et auditeur sont dans des positions différentes.

Le lecteur :

- est isolé ;
- libre ;
- peut assimiler une grande quantité d'information ;
- peut sélectionner les messages ;
- ne peut pas donner de feed-back immédiat.

L'auditeur :

- est en interaction avec autrui ;
- captif pour un temps donné ;
- ne peut retenir qu'une faible quantité d'information ;
- ne peut pas sélectionner le message ;
- peut donner un feed-back immédiat (hélas !).

La présentation écrite doit généralement se suffire à elle-même. On ne peut toujours commenter oralement un rapport ou une note.

En revanche, la présentation orale est souvent mixte. On peut diffuser de l'information écrite avant ou pendant. On peut l'illustrer par des projections de l'écran de votre ordinateur ou même de vidéos. Il y a donc un arbitrage, délicat, à faire à chaque fois entre les moyens à utiliser pour faire passer tel ou tel message.

Dans le cas de réunions, vous avez deux possibilités :

– soit vous distribuez auparavant une information objective et vous gardez pour l'information orale tout ce qui peut prêter à discussion ;

– soit, à l'inverse, vous donnez auparavant l'information discutable, permettant à chacun de se faire une opinion personnelle et vous gardez pour la réunion l'information et les arguments qui pourront faire pencher la balance dans votre sens.

Le choix entre ces deux procédures se fera selon que vous êtes plus ou moins démocrate et plus ou moins sûr de vous.

Notons aussi qu'une information écrite permet plus de réflexion : on peut la relire. Elle est aussi plus stable et moins contestable : *scripta manent.*

L'information orale, elle, se prête plus à l'utilisation de l'humour, du paradoxe, de la plaisanterie, de procédés oratoires, qui s'alourdissent à l'écrit. Elle permet aussi d'être moins regardant sur la qualité de l'argumentation, certains arguments, efficaces oralement, ne résistant pas au recul critique que laisse l'écrit. « Les livres le [le fanatisme] communiquent beaucoup moins que les assemblées et les discours. On s'échauffe rarement en lisant : car alors on peut avoir le sens rassis. Mais quand un homme ardent et d'une imagination forte parle à des imaginations faibles, ses yeux sont en feu, et ce feu se communique ; ses tons, ses gestes, ébranlent tous les nerfs des auditeurs. Il crie : Dieu vous regarde, sacrifiez ce qui n'est qu'humain ; combattez les combats du Seigneur. Et on va combattre. » (Voltaire)[76].

Une seule règle : l'information chiffrée doit être écrite ou projetée, à moins bien sûr, que vous ne désiriez qu'elle ne manque de clarté.

Réfléchissez également à vos propres capacités. On ne s'improvise pas orateur, alors que l'écrit demande surtout du travail pour aboutir à quelque chose de satisfaisant. Ne prenez donc pas de risques inutiles.

Mais réfléchissez également à la demande de votre public. Dans bien des cas, on vous reprochera de n'avoir pas osé un contact direct, si vous vous contentez d'une note écrite et l'on vous pardonnera des maladresses d'expression orale si vous descendez dans l'arène.

Chapitre 6

Soyez persuasif oralement

*« Comment pourraient en douter ceux qui ont eu
le bonheur d'assister à quelques-uns des catéchismes d'Ars,
d'entendre cette parole étrange qui ne ressemblait
à aucune parole humaine, qui ont vu l'effet irrésistible
produit sur les auditeurs de toute classe par cette voix,
cette sensibilité, cet élan, cette intuition,
cette flamme et l'étrange beauté de ce français inculte,
presque trivial, mais transfiguré et pénétré du feu sacré
jusque dans la forme, l'arrangement,
l'harmonie des mots et des syllabes ?
Et pourtant, le curé d'Ars ne disait pas des mots ;
la véritable éloquence est dans les choses ; il disait des choses
et il les disait dans un style prodigieux.
Son âme tout entière passait dans celle de la foule
pour la faire croire, aimer, espérer avec lui. »*

A. MONNIN[77]

Ce qui distingue fondamentalement l'oral de l'écrit, c'est la présence physique de l'orateur et le fait que l'oral ne permet pas la relecture, autrement dit le retour en arrière. De plus, l'auditeur n'est pas seul. Il participe, qu'il le veuille ou non, à un groupe et est tributaire des phénomènes qui s'y développent. Par ailleurs un auditeur a toujours, même s'il est attentif, une écoute à éclipses. Une partie de votre discours lui échappera donc. L'oral présente cependant sur l'écrit plusieurs avantages décisifs :

– l'utilisation de la voix : force, ton ;

– l'utilisation du corps par les gestes qui soulignent le discours ;

– l'utilisation de l'espace par le déplacement ;

– l'utilisation de procédés oratoires plus difficiles à utiliser par écrit, l'esprit critique du lecteur, seul et donc qui n'est pas emporté par la chaleur du groupe, et qui de plus peut relire, étant beaucoup plus développé que celui de l'auditeur. La plupart des procédés oratoires ou rhétoriques sont, au sens propre, des lieux communs. Cela n'enlève rien à leur efficacité. Mais là plus qu'ailleurs, il faut être très proche de son auditoire, un effet qui tombe à plat ayant un résultat catastrophique.

Enfin, dans certains cas, une communication orale sera le témoignage que vous vous êtes dérangé personnellement, ou même que vous avez eu le courage d'affronter le public. Dans certaines situations professionnelles, cela peut être une nécessité.

Identifiez votre auditoire

On peut distinguer deux types d'auditoire : moins de 20 personnes forment un groupe, plus de 100, une foule. La différence tient au fait que la foule va présenter les caractéristiques d'un groupe, mais exacerbées.

Le groupe en tant que tel

La caractéristique fondamentale d'un groupe, c'est qu'il a une vie intellectuelle et une vie affective propres. Autrement dit, face à un groupe, il faut non seulement penser à chacun des individus qui le composent, mais aussi au groupe en tant que tel.

Sa vie intellectuelle est souvent brouillée par sa vie affective qui est très intense. Cette vie affective est relativement indépendante des individus qui composent le groupe et particulièrement de leur niveau intellectuel. Ce qui fait qu'un groupe, s'il est souvent plus créatif qu'un individu, est souvent moins intelligent et surtout moins critique. Heureusement, cette vie affective fait que tous les groupes ont des caractéristiques communes et une vie relativement similaire. Ces similitudes facilitent la gestion des groupes, car certains phénomènes sont récurrents.

Sur le plan affectif, une des caractéristiques des groupes, est leur côté régressif, c'est-à-dire qu'ils ont des aspects puérils (chahut), que n'aurait pas chacun de ses membres pris séparément. Cette régression explique le côté chaleureux de beaucoup de groupes. Elle explique aussi pourquoi les groupes (sectes religieuses, politiques, pseudo-scientifiques, idéologiques) sont le refuge naturel des personnalités faibles et le lieu d'exercice favori des pervers intéressés par le pouvoir sur autrui.

Cette régression explique également pourquoi les groupes sont exclusifs :

– vis-à-vis de l'extérieur (guerres). En effet, un bon moyen de souder un groupe est de lui trouver ou imaginer un ennemi extérieur : chacun se sent rapproché des autres face à ce péril qui met en cause la solidité ou la vie même du groupe. Ce phénomène est volontairement exploité par certains orateurs.

– vis-à-vis de l'intérieur. Beaucoup de membres de groupes, surtout lorsqu'ils ont des caractéristiques de sectes, passent leur temps à s'exclure mutuellement. Ces exclusions ont par exemple rythmé la vie du groupe littéraire surréaliste.

Par ailleurs, les groupes, pour résoudre leurs tensions internes, usent et abusent du phénomène du bouc émissaire, consistant à faire d'un de ses membres les plus faibles, le responsable de tous ses malheurs (réels et imaginaires).

Tout ceci fait que les groupes sont excessifs. Les groupes, comme les amants passent rapidement de la joie à la colère, de l'enthousiasme à l'abattement, etc. Avantage pour l'orateur : rien n'est jamais perdu !

La taille du public

La première caractéristique d'un public, c'est sa taille. Chacun connaît la difficile surprise que constitue le fait d'avoir un public composé de 8 personnes, alors qu'on en attendait 50. S'y mêle d'ailleurs un vague sentiment d'échec. À l'inverse, préparer un exposé pour un groupe d'une dizaine de personnes et se retrouver devant un amphi de 150 personnes constitue également un choc. S'y mêle alors un vague sentiment d'anxiété.

La taille de l'auditoire conditionne en effet de nombreux éléments :

La structure même de la salle

S'il y a 150 personnes, ceux-ci disposeront de chaises mais pas de tables et ils seront assis par rangées, les individus se trouvant à l'avant devant se retourner pour voir le reste de l'auditoire. Vous-même, orateur, serez mis dans une situation particulière, le plus souvent sur une scène dominant l'auditoire. Il va de soi que vous refuserez les amphis universitaires, où l'orateur est dominé par un public assis sur des gradins, comme dans un cirque. Vous serez séparé de votre auditoire et disposerez d'un espace d'évolution important. Il vous faudra forcer un peu la voix, même si vous disposez d'un micro.

Avec un groupe d'une dizaine de personnes, taille habituelle des réunions d'entreprise, il vous faudra organiser votre salle physiquement. Vous disposerez un tableau papier, non seulement pour écrire, mais surtout pour vous donner l'occasion d'être debout (nous verrons par la suite que ce point est important).

Votre façon de parler

Avec un auditoire important, votre débit sera plus lent. Il faudra laisser plus de temps pour que l'auditoire se taise. Il faudra également laisser plus de temps pour que s'apaisent murmures, rires et mouvements divers. Avec un auditoire plus restreint, vous pourrez être plus naturel.

Votre message

qui devra être adapté à la taille du groupe, sera simplifié si le groupe est important.

Enfin, votre argumentation

sera plus affective qu'intellectuelle devant un auditoire important. Devant un petit groupe, votre palette pourra être plus riche.

Les réactions de l'auditoire

Quelles que soient les caractéristiques ci-dessus, que le plus souvent l'on peut prévoir, les auditoires sont très variés, et il est nécessaire d'identifier rapidement le type d'auditoire auquel on a affaire. Il est bon également de réviser éventuellement ce diagnostic, au cours de l'exposé, un auditoire, répétons-le, étant vivant et ses attitudes se modifiant avec le temps... et avec votre influence.

On distingue :

- le public apathique, c'est-à-dire celui qui s'intéresse fort peu à votre propos et qui n'est même pas critique. C'est un public qui se trouve particulièrement :

– dans des réunions sur commande ;

– lorsque le public croit déjà savoir ce qu'on lui expose ;

– lorsque les conditions physiques (lumière, température...) sont franchement défavorables ;

– lorsque pour x raisons, « le courant ne passe pas ».

- le public qui croit en savoir plus que vous. C'est un public qui est fréquent dans les situation suivantes :

– lorsqu'un subordonné parle devant ses supérieurs ;

– lorsque des fonctionnels parlent devant des hiérarchiques ;

– lorsqu'on parle devant ses pairs ;

– lorsque l'expertise n'est pas reconnue (ex : Responsable du personnel devant des commerciaux).

- le public hostile. Il se trouve dans des situations telles que :

– l'annonce de mesures restrictives, coercitives, négatives...

– des réunions où vous avez à défendre des positions que même vous, vous savez indéfendables (ex : défendre des ordres de la direction que vous avez combattus et votre public le sait) ;

– des réunions avec des publics hostiles par principe, (ex : un contrôleur de gestion devant des vendeurs).

- le bon public. Inutile de développer, ça se sent. Attention, il est cependant plus rare que vous ne le pensez peut-être.

- le public compétent :

– soit qu'il ait une expertise technique ;

– soit qu'il aura la charge d'appliquer ce que vous dites !

Soyez proche de votre public

Quel que soit le public, un certain nombre d'attitudes sont toujours valables. Mais, suivant les cas, il faudra plus ou moins les accentuer.

Attirez l'attention

Ne commencez pas à parler tant qu'un silence attentif ne s'est pas créé, même si cela demande un temps qui paraîtra long. Une certaine anxiété de votre part vous fera paraître ce temps encore plus long. Votre autorité ultérieure sera aussi fonction de votre résistance à cette anxiété.

Commencez en parlant à voix relativement faible pour obliger le public à prêter l'oreille. La partie est gagnée (provisoirement) si une partie du public demande le silence à une autre partie. Dans certains cas (public hostile), forcez la voix au départ et montrez physiquement que vous faites face.

Commencez par un effet de dramatisation (une nouvelle catastrophique, un chiffre inquiétant).

Commencez par une plaisanterie (difficile, car il faut qu'elle soit excellente !).

Gardez l'attention

– par un exposé qui progresse
    dans sa logique,
    dans l'information,
    dans une suite : prémisses ---> conclusion ;
– par des projections de graphiques, etc.
– par des effets de voix et de gestes, en variant le ton, en vous déplaçant…

Créez la complicité

- Par des allusions à des faits, des idées connues seulement de ce public en faisant remarquer (ou en laissant entendre) qu'il est seul à les connaître ou à en apprécier l'importance. Une variété de ce procédé consiste à faire une citation dans une langue étrangère, que l'on ne traduira évidemment pas, laissant entendre au public qu'il est capable soit de saisir l'allusion soit de faire la traduction. « C'est là, ni plus ni moins, en ce lieu de tangence de la mystique et de la maladie psychique, qu'est énoncé le fameux : *Wo es war, soll Ich werden*. Une source de commentaires encore. »[78] La phrase citée est très célèbre. Utilisée dans une revue de psychanalyse pour grand public, elle joue évidemment sur la connivence. Le lecteur pensera : et moi aussi, je peux traduire. Le procédé est d'autant meilleur que s'y mêle un argument d'autorité.

- Par l'utilisation d'un vocabulaire connu des seuls initiés : « La *soul* est aujourd'hui à la *house* ce que l'*ambient* était, il y a deux ans à l'acide : un retour à la mélodie, à l'orchestration. Il est temps de montrer au public *dance* qu'une attention particulière doit être portée au courant " *quiet storm* " qui, sur les radios noires US, devient la seule alternative au rap omniprésent... » [Non signé] Il s'agit évidemment de jouer sur la complicité avec un public bien défini en excluant tous ceux qui ont le tort d'être « out ».

- Par l'utilisation du jargon de métier des auditeurs.

- Par des allusions à des valeurs communes. C'est le fond des discours politiques.

- Par des attaques contre « l'ennemi ». Tout groupe a des ennemis : les autres. Ces ennemis peuvent être personnalisés. Suivant les cas : les communistes, les Allemands, les Japonais. À défaut d'ennemi précis, on utilisera des éléments impersonnels, ces « menaces » confuses qui pèsent toujours sur un groupe quel qu'il soit : l'inflation, la démographie, l'immigration, le futur, etc.

Gardez l'initiative

Ceci est particulièrement important lorsqu'on vous pose des questions. Ayez en réserve des précisions, dont vous ne ferez état que si des questions vous sont posées. Répondez à toutes les questions. Si vous n'avez pas de bonnes réponses, répondez à côté… mais répondez.

Marquez parfois une certaine distance

Dans certains cas, et contrairement à ce qui vient d'être dit, il peut être utile de montrer une certaine distance qui peut renforcer l'autorité.

Cette distance peut être marquée, par exemple, par un vocabulaire ésotérique, employé à un moment donné, éventuellement assorti d'une excuse vis-à-vis du public pour cette utilisation nécessaire. Un autre procédé consiste à indiquer que l'on n'a malheureusement pas le temps de développer quelque point passionnant. Cela montre que l'on a en réserve des connaissances, des arguments inutilisés.

Jouez sur différentes ressources

Ayez un plan très structuré

Dans l'oral, le plan doit être très structuré et clair. Ceci étant, vous pouvez l'annoncer ou non. L'annonce du plan n'a d'intérêt que :

– si elle est brève ;

– si le sujet s'y prête ;

– si le public est sensible aux éléments structurés.

Dans ce cas, annoncez un plan très simple au début de votre exposé, et rappelez-en les titres au fur et à mesure que vous les abordez et dites en quelques mots ce que vous allez développer.

Lorsqu'un chapitre est terminé, rappelez-en l'essentiel en termes d'information et donnez la conclusion provisoire à laquelle cette information conduit. Il va de soi que vous devez doser cette répétition en fonction du niveau intellectuel de votre public mais aussi de l'intérêt *a priori* qu'il peut porter à ce que vous dites.

Si vous n'annoncez pas le plan au début de votre exposé, il doit cependant être sensible : annoncez donc vos têtes de chapitres. Vous pouvez aller jusqu'à : nous avons vu ceci, nous allons voir cela... De toute façon, marquez la progression de votre exposé.

Soyez mobile

Dans certains cas, vous êtes condamné à l'immobilité : vous parlez de votre place ou d'une tribune mais en étant tributaire par exemple d'un micro.

Dans tous les autres cas, choisissez la mobilité. Le prétexte peut en être l'utilisation d'un tableau ou d'une projection.

La mobilité a plusieurs avantages :

– vous êtes debout alors que les autres sont assis, ce qui fait que vous les dominez physiquement. Cela n'est pas négligeable sur le plan psychologique ;

– vous pouvez vous approcher ou vous éloigner de certaines personnes et donc leur marquer votre attention ou au contraire la diminuer, ce qui peut être utile vis-à-vis des silencieux... et des bavards ;

– vous variez votre émission en parlant d'endroits différents ;

– il est plus facile de faire des gestes qui soulignent ce que vous dites.

Vos notes seront rédigées en gros caractères de façon à ce que vous puissiez les consulter même étant debout.

Utilisez toutes les ressources de votre voix

Sauf exception, il est difficile d'utiliser toutes les ressources de la voix sans un certain apprentissage. Respirer au bon moment, poser sa voix, synchroniser gestes et ton de la voix sont des choses qui ne sont pas absolument naturelles et qu'il est difficile d'enseigner dans un ouvrage.

Si vous le pouvez, suivez une formation dans ce domaine, par exemple avec un acteur. Votre impact en sera singulièrement augmenté.

Application. Lors d'une réunion électorale, M. Pasqua attaque le Parti socialiste en disant de lui qu'il est un « **système maffieux, une camarilla** ».[79] Et M. Pasqua élève le ton sur le mot « camarilla », le dernier de sa phrase, et en fait sonner toutes les syllabes.

Normalement, dans un tel procédé oratoire, on suit une progression et on utilise des mots de plus en plus forts. Camarilla, « coterie qui influence les décisions d'un personnage haut placé à la cour d'Espagne », est un mot vieilli, peu usuel, dont on devine le sens, mais assez imprécisément. Il est évidemment moins fort que maffieux. Mais il sonne infiniment mieux et M. Pasqua, en vendeur consommé, fait moins attention au sens des mots qu'à leur sonorité. Et c'est donc en orateur qu'il termine par « camarilla ». Un tel usage n'aurait évidemment pas beaucoup de sens par écrit.

Variez le pronom utilisé

On peut, en effet, utiliser plusieurs formulations :
- le **je** qui affirme une opinion et prend parti ;
- le **on** qui est prudent : « on peut penser que… » ;
- le **vous** qui interpelle l'auditoire et le différencie de soi ;
- le **nous** qui tente de mettre l'auditoire de son côté par identification.

De façon générale, il est préférable d'utiliser le **je**. On est d'autant plus convaincant que l'on est convaincu (ou que l'on en donne l'impression, ce qui est suffisant). Il faut donc s'engager et le **je** montre que l'on s'engage.

Le **on**, qui est neutre, sera réservé aux cas où justement l'on ne veut pas s'engager ou bien lorsqu'on veut que le public ne s'engage pas. Il sera également utilisé lorsqu'on ne veut pas d'une attaque trop personnelle : « **On ne règne pas innocemment** » disait Saint-Just lors du procès de Louis XVI, ce qui permettait d'attaquer la royauté sans s'en prendre trop précisément au roi, auquel personnellement on ne pouvait guère reprocher de grands crimes.

De façon générale, le **nous** doit être employé lorsqu'on effectue une critique. On dira donc : « Nous sommes tous des pécheurs » et non « Vous êtes tous des pécheurs ». De même, on dira : « Nous voyons sur ce graphique… » et non « Vous voyez sur ce graphique….», qui fait un peu professoral, comme si, soi, on avait déjà vu. On utilisera également le nous lorsqu'on veut noyer sa responsabilité : « Nous avons été obligés de prendre telle mesure… désagréable. »

Le **vous** sera utilisé lorsqu'on veut marquer une différence entre soi et son public. Il sera aussi utilisé dans le cas d'interrogation rhétorique : « Vous imaginez peut-être… » avec une réponse évidemment négative.

Enfin, un denier procédé consiste à utiliser le **il** en parlant de soi-même. C'est ce que fait Charles de Gaulle dans ses *Mémoires*. Ce procédé, qui donne un peu l'impression que l'auteur se prend pour une institution, doit être réservé à des cas bien particuliers, si l'on ne veut être taxé de quelque mégalomanie. Mais après tout… les mégalomanes sont souvent convaincants, Dieu sait pourquoi !

Suivant les cas, utilisez une forme active ou une forme passive

On dira évidemment: «J'ai décidé d'augmenter les salaires» mais: «La crise nous oblige à ne pas augmenter les salaires.» On choisira donc la forme active lorsqu'on souhaite être tenu pour responsable de quelque chose et une forme passive dans les autres cas. De façon générale, les responsabilités négatives seront rejetées sur des «ON», des contraintes extérieures, etc.

Exemple. «L'accueil des victimes du froid» titre un journal durant un hiver glacé. Il s'agit en fait des sans-abri.

Une victime du froid ce serait un monsieur ayant du travail, une maison, une bonne voiture, qui tomberait en panne en pleine campagne durant une nuit de gel et qui serait victime du froid. Quant aux sans-abri, ils sont victimes de l'égoïsme de chacun et de l'impéritie de soi-disant responsables. Le froid n'est qu'un révélateur. En faire des victimes du froid consiste à dédouaner tout un chacun!

Ceci n'est qu'en partie contradictoire avec ce que nous avons dit à propos de l'utilisation du je. En effet, il faut donner l'apparence d'être responsable tant qu'on ne l'est pas vraiment, car c'est ce que souhaitent les supérieurs. Il va de soi qu'il serait quelque peu suicidaire de prendre ses responsabilités, lorsqu'on occupe un poste dit de responsabilités. Il faut alors déléguer les responsabilités à conséquences négatives soit à d'autres soit, une fois de plus, à des contraintes extérieures.

Suivant les cas, personnalisez ou non

Dans certains cas, on dira «j'ai fait» et dans d'autres «j'ai fait faire». On réservera la forme «j'ai fait» aux choses valorisantes pour soi et le «j'ai fait faire» à celles qui sont négatives, car cette forme marque un certain éloignement. En particulier on fait toujours faire les tâches subalternes : J'ai fait faire une enquête... Dire J'ai fait une enquête marquerait que l'on attache une importance particulière aux résultats. À l'inverse : J'ai fait ouvrir une enquête marquerait que l'on n'est pas pressé de la fermer, c'est-à-dire de la terminer.

Suivant les cas, parlez en premier ou non

Lorsqu'on présente un exposé, le choix ne se présente que rarement. En revanche, il est primordial en cas de discussion.

Il n'y a pas de règle absolue dans ce domaine :

– parler en premier a l'avantage de permettre de fixer un certain cadre de référence, dont les autres auront quelque difficulté à sortir. Si par exemple on a à juger un projet, et qu'on parle en premier en disant qu'il est catastrophique, ceux qui lui sont opposés se sentiront confortés dans leur idée et ceux qui lui sont modérément favorables réviseront leur opinion à la baisse.

– parler en second a en revanche l'avantage, par évidence, d'obliger l'autre à parler en premier, ce qui l'oblige à se découvrir, à révéler une partie de son argumentation ou même de sa personnalité. On pourra donc aménager sa propre argumentation en fonction de ce qui a été dit.

Sachez poser des questions

Les spécialistes de l'entretien savent combien il est difficile de poser des questions. Une bonne question suppose :

– que l'on ne donne pas plus d'information que l'on ne va en recevoir.

– que l'on ne mette pas la réponse dans la question. C'est une variété du point précédent. On évitera, sauf manipulation bien pensée, toutes les questions du type : Ne pensez-vous pas comme moi... ? Voici un autre exemple de question (volontairement) mal posée : « Une intervention qui prend la forme de bombardements, en fonction du principe "pas de pertes pour les intervenants", n'équivaut-elle pas à la reconnaissance du principe que la valeur de la vie humaine n'est pas la même dans tous les cas ? ». [80]

– que l'autre réponde à votre question, ce qui élimine les questions trop agressives (dans le fond ou dans la forme), ou trop intimes ou socialement non acceptées (comme, en France, les questions sur le revenu).

Sachez ne pas répondre aux questions

Particulièrement utile lors des discussions qui suivent un exposé. On dispose de plusieurs possibilités :

– répondre par une autre question. C'est le procédé le plus classique. Il ne faut pas en abuser car il est bien connu et il devient vite agaçant ;

– répondre en élargissant la question. C'est une façon comme une autre de noyer le poisson : *« Que celui qui n'a jamais péché lui jette la première pierre »*. Évidemment... ;

– répondre en restreignant à l'extrême le champ de la question. On peut ainsi répondre oui ou non à un cas très particulier alors que l'on ne pourrait le faire sur un plan plus général ;

– renverser la réponse par rapport à la question. Exemple : à la question, « quel est votre défaut principal ? », un candidat dans un entretien de recrutement répond : « J'ai une trop grande confiance dans l'honnêteté d'autrui. » En fait, il transforme un défaut en qualité, car cela suppose qu'étant très honnête, il croit à la même honnêteté chez autrui.

Évitez les « Excellente question » ou « Je vous remercie d'avoir posé cette question », rendus éculés par la télévision. Cependant, le fait de marquer son attention pour la question posée est important. On variera donc les formules.

Mettez-vous en scène

Mettre en scène, c'est passer d'un scénario à une œuvre représentée qui forme un spectacle. [81] Par écrit, on est limité à la mise en scène du texte, par oral, on peut se rapprocher de la mise en scène d'un spectacle.

Un spectacle comprend des costumes, un décor, des éclairages, des jeux de scène, et un public. Là aussi, tout dépend du pouvoir. Seuls de hauts personnages peuvent mobiliser l'équivalent d'un show télévisé. Dans des limites plus étroites, certains ne se présentent jamais sans un certain apparat. Pour la simple transgression d'une limitation de vitesse que personne ne respecte puisqu'il faut bien évacuer le trafic, vous comparaîtrez devant un tribunal avec une mise en scène de robes, d'huissiers, destinés à vous convaincre que vous êtes bien peu de chose.

Dans la plupart des situations, le simple citoyen ou le cadre d'entreprise de base ne peut utiliser tout cet appareil. Remarquons cependant combien les avocats, réduits par leur robe à une tête et des manches, prennent un soin étonnant de leur coiffure. Comme les mannequins de haute couture ont une démarche particulière qui signifie : je suis mannequin et je présente de la haute couture, ce qui, sinon, ne serait pas toujours évident. Comme les présentateurs de télévision ont des vestes dont les coloris vont du vert pomme au jaune canari. Cela vous paraîtrait ridicule dans votre cas ?

L'exemple étant peut-être excessif, nous en donnerons un plus en demi-teinte. En avril 1991, lors de l'exode des Kurdes d'Irak, Mme Mitterrand est abondamment montrée à la télévision s'occupant de faire parvenir des secours aux réfugiés. Mme Mitterrand a choisi pour ce faire un petit tailleur, de bonne coupe évidemment et de couleur olive tirant sur le kaki. Cela était fort congruent à la situation, comme aurait dit Molière. On peut supposer que les réfugiés kurdes ont été sensibles à tant de soin. Ceci pour dire que toutes situations, même celles qui apparemment s'y prêteraient le moins, peuvent être mises en scène.

Il y a dans ce domaine une règle psychologique : il faut transformer le *« bien que »* en *« parce que »*. Ce n'est pas bien qu'elles se disputent constamment que deux personnes vivent ensemble, mais bien parce qu'elles se disputent... Ce n'est pas bien que tel présentateur est à la limite du ridicule qu'il est célèbre, mais parce que... Prenons un exemple. Sous le prétexte de moderniser et de porter partout l'électricité, EDF a saccagé la plupart des sites français à coups de pylônes d'une laideur étonnante et dont beaucoup sont inutiles. Enterrer coûte cher, certes. Mais ce que EDF a fait, sans le savoir probablement, car un tel principe est un peu complexe pour ses ingénieurs, s'il est à la portée de l'inconscient d'une organisation, c'est d'organiser et d'imposer la laideur : nous apportons le progrès et ce progrès a d'autant plus de valeur qu'il a une contrepartie importante, cette laideur justement. C'est le bon vieux principe qui veut qu'un médicament efficace soit amer. Cela, entre autres, bien sûr, a permis à EDF de prendre une telle autorité qu'elle a pu mener sa politique nucléaire pratiquement à l'encontre de la majorité du peuple français et même de ses gouvernements.

Deux éléments sont donc à considérer :

– l'utilisation de vous-même ;

– et l'utilisation du public.

Vous-même

C'est un visage ou une taille et vous n'y pouvez rien. C'est une coiffure et vous y pouvez davantage : même une calvitie peut être rendue distinguée. C'est un habillement et vous y pouvez beaucoup. Peut-être vous souvenez-vous de cette caricature de J. Chirac encore jeune, qui disait :

« Mais pourquoi s'habille-t-il chez Bodygraph ? » (*i.e.* si mal). Ce n'est pas seulement une question d'argent, mais de goût et surtout d'attention.

C'est aussi une question de choix, car l'habillement signe une appartenance sociale et les adolescents le savent bien, qui veulent être habillés comme leurs camarades, simplement en un peu plus coûteux. « Longtemps, les architectes ont porté le nœud papillon. Comme les médecins et les psychanalystes, ces derniers ne renonçant au bel appendice phallique et bariolé de la cravate-bavoir que par une bravade toute lacanienne, pour montrer qu'en matière de phallique tout est dans le nœud. La cravate s'étale, se pavane, s'exhibe. Elle plastronne, mais elle pend. Le nœud, au contraire se tient coi, réservé, contenu. Il a l'air de dire que c'est plus compliqué que ça. Le nœud fait instruit. Il va droit aux élites, à tous ceux qu'on pourrait nommer, en empruntant aux psys un peu de leur rude sabir, les sujets-supposés-savoir. »[82].

Vous-même c'est aussi et surtout une voix et des gestes. Suivez quelques cours de théâtre. Il y a beaucoup à y apprendre, même si tout n'est pas utilisable !

L'utilisation du public

« Ô vous qui voulez transmettre, hypocrites auditeurs, mes frères en messagerie, écoutez mes conseils. Racontez des histoires et ne donnez pas de leçons. Faites court avec un t, et portable. Soyez positifs, affirmatifs, optimistes. Trouvez-nous de belles images, plutôt que de vilains mots. Pas de théorèmes, des paraboles. Un clip vaut mieux qu'un laïus. Et surtout, j'y reviens, regroupez-vous, ne restez pas seuls. Faites réseau, cercle, école, secte, tribu, bande. Organisez-vous. Là est la clef. » (R. Debray)[83].

Ce principe est extrêmement ancien: «Que vos amis ne manquent pas d'applaudir en frappant des pieds; qu'ils vous rendent par là les repas que vous leur aurez donnés; qu'ils vous tendent la main, s'ils vous voient trébucher, et vous laissent le temps de vous remettre, en prolongeant leurs applaudissements. Ceci est une chose bien essentielle, et il ne faut pas manquer d'avoir toujours un chœur qui vous réponde; point de harangue prononcée sans cette précaution.» (Lucien) [84]

L'utilisation du public comporte de nombreux aspects, mais nous n'en citerons que deux:

– utiliser des compères et disposer sa salle,

– créer un société d'admiration mutuelle.

Les compères ne s'utilisent pas qu'au bonneteau. Tout bon théâtre comporte sa claque. Tout meeting en comporte autant. Et de plus, il organise sa salle et ne laisse pas les opposants s'asseoir où ils le veulent. Lorsque cela est possible, il est donc souhaitable de disposer d'une ou de quelques personnes, avec lesquelles un accord, parfois implicite, est passé, pour soutenir, reprendre, développer ce que l'on dit et évidemment marquer une vive désapprobation devant ce que l'autre dit. Si l'on a les moyens, on ira jusqu'à la claque.

La société d'admiration mutuelle est de plus longue haleine. On prendra modèle sur ces publications qui sont toujours extrêmement positives vis-à-vis de tel groupe (littéraire, scientifique, peu importe). À charge pour la publication dudit groupe d'en faire autant. L'effet est d'autant plus puissant que les publications occupent des champs différents: pays différents ou domaine différent, par exemple littérature et psychanalyse ou arts plastiques. Ce qui confère au tout un petit cachet d'authenticité. Tout cela est d'une construction relativement lente, mais à terme, d'une très grande efficacité.

De façon générale, il s'agit de faire savoir que vous, ou quelqu'un d'autre, êtes très compétent ou très intelligent ou tout simplement génial.

Ces techniques sont si courantes que le langage populaire a forgé des expressions du type : renvoyer l'ascenseur, pour les dénommer. « Nous nous souvenons que, au pire moment, la Société du Tour ne nous [Le Crédit Lyonnais] a pas lâchés. Alors même si l'image du Tour est un peu écornée par les affaires, y rester au même niveau d'effort est une manière de renvoyer l'ascenseur. »[85] Il est vrai qu'entre une banque dont la gestion insensée a coûté si cher au contribuable et un Tour de France, qui court d'autant plus vite qu'il est moins dopé, il faut bien s'entraider. À défaut d'admirateurs extérieurs vrais ou stipendiés, vous pouvez faire comme la publicité et vous traiter vous-même de génial :

« Tel une colonne d'or et de laque édifiée pour un prince des année trente, voici le stylo Pasha.

Bijou d'architecture aux lignes contemporaines. Bille ou plume pour ciseler la signature. Dernière expression du joaillier de l'écriture.

Pasha de Cartier. Monument de perfection, à la démesure d'un créateur de génie. »

« [...] aujourd'hui on nous aime, on nous envie, on nous reconnaît, on crie même parfois au génie. » (B. Cathelat)[86]

Chapitre 7

Soyez persuasif
quand vous écrivez

Quant au fond, répétons que l'écrit, parce qu'il permet la relecture et la réflexion, impose une forme beaucoup plus sobre que l'oral. Il va de soi, cependant, que si ce que vous rédigez est de l'ordre du tract ou de l'affiche votre argumentation pourra être beaucoup plus affective et utiliser davantage les « trucs » que permet plus habituellement l'expression orale.

Quant à la forme, l'écrit demande une forme plus soignée. D'une part parce que le style écrit, surtout en français, est plus « noble ». D'autre part, parce que l'écrit permet la réflexion… et la critique.

Certaines négligences sont acceptables dans le style oral : « … des pertes abyssinales… » selon un présentateur de télévision.[87] Il a confondu «abyssal» de «profond comme l'abîme» et «abyssinal» adjectif de Abyssinie, vieux nom de l'Éthiopie. Lapsus presque amusant.

Elles ne le sont plus dans le style écrit. «Dans une taverne bosniaque, aux nappes souillées de poussière grise, où les clients boivent du pruneau (sic)… »[88] Le pruneau, comme chacun sait, est une prune séchée et quasi confite, difficile à boire ! Généralement on boit de l'alcool de prune dite aussi « prune » et en Bosnie «slivo-vice», n'importe quel touriste vous le dira. Un tel lapsus, excusable oralement, ne l'est plus par écrit, l'auteur étant censé se relire !

« Nous sommes dans la fourchette haute des études des instituts de conjoncture » (La ministre de l'Emploi). Rappelons gentiment que les fourchettes ont généralement 4 dents, parfois 3, plus rarement 2, celles pour escargots, entre autres. Ce sont ces dernières qui ont donné naissance à l'image de la fourchette, dont les dents symbolisent un écart entre deux chiffres. On devrait donc au moins dire, bien que ce soit un français exécrable, la valeur haute de la fourchette !

L'écrit permet par ailleurs un certain type de mise en scène du texte qui mêle fond et forme et qui lui est spécifique. C'est souvent cette mise en scène qui, plus que le fond, fait le succès d'une œuvre. « Les vainqueurs seront les meilleurs professionnels de la mise en scène et de la mise en mots : les écrivains. Et pas toujours les plus savants d'entre eux. » [89]

Choisissez soigneusement le titre

Le premier élément de cette mise en scène est le titre. On sait l'importance que les journaux lui accordent. En effet, dans l'oral votre public est captif. Par écrit, il ne l'est pas et le premier point, capital, est de donner envie de lire. Le titre, la première chose lue, est donc fondamental à cet effet. Il ne doit pas hésiter à « faire gros », c'est-à-dire à survaloriser l'information qui va être donnée.

« Quelques vérités sur la guerre en Tchétchénie » (Huntington). Il s'agit du rappel de quelques faits historiques, mais surtout de la présentation du point de vue américain. Est-il plus « vrai » que d'autres ? L'essentiel est de le prétendre.

Un présentateur de télévision annonce un de ses ouvrages, sur la couverture d'un magazine par : « Mon livre choc ». Nous n'avons cependant pas eu le courage de lire l'articulet consacré à cet ouvrage et sommes incapable de dire s'il y avait ou non choc. Probablement pas.

Dans un genre qui se veut plus relevé: «Subversion de La Fontaine».[90] On peut lire et relire Le Corbeau et le Renard ou même Le Raccommodeur d'oreilles, sans être très sensible au caractère subversif d'un auteur dont tout l'art est de jouer sur le bon sens. Mais qui lirait un article consacré au bon sens? Et surtout quel prestige tirerait un auteur d'un tel article? Tandis que la subversion! La subversion artistique est certes un des poncifs les plus éculés de notre époque, mais cela vaut encore mieux que le bon sens, puisque cela se vend mieux.

À l'inverse, on se méfiera des titres ambigus: «J'ai choisi la vérité» (S. Dassault)[91] laisse entendre que l'on a longuement délibéré puis choisi entre deux possibilités, ne pas dire la vérité ou la dire. Et que l'on a choisi cette possibilité bien qu'il n'y avait que 51 % pour, et 49 % contre!

Faites progresser votre texte

Un autre élément qui peut mêler forme et fond tient à la progression de l'œuvre. Un texte part d'un point zéro de connaissance du lecteur et l'amène à un degré de connaissance qui est à peu près celui même de l'auteur. Il va de soi que ce degré zéro est très différent selon les cas. Vis-à-vis de spécialistes, il sera élevé. Vis-à-vis de non-spéciaslites, il sera plus bas. C'est le cas le plus difficile, car généralement le public est hétérogène.

Trois solutions sont alors possibles:

- On peut, comme dans certains manuels scolaires, utiliser une typographie différente selon les paragraphes. Certains, aérés, seront pour tous publics, d'autres plus serrés, seront destinés à ceux qui souhaitent une information plus complète mais plus difficile.

- Une autre possibilité consiste à découper le texte en plusieurs parties. On conseillera alors au lecteur, en fonction de ses connaissances, de commencer à tel ou tel niveau. Cette méthode est fréquemment utilisée en informatique, particulièrement pour les ouvrages de programmation. En fonction de son niveau, on conseille alors au lecteur de débuter par tel ou tel chapitre.

- La dernière consiste à avoir un texte relativement léger et à renvoyer en notes l'appareillage méthodologique et scientifique, la bibliographie spécialisée, etc. Elles ne sont lues que par ceux qui s'en donnent la peine ou lors d'une lecture critique. Elles peuvent s'afficher en bas de page ou être renvoyées à la fin du chapitre ou à la fin de l'ouvrage. Elles sont disponibles en bas de page, moins en fin d'ouvrage (il faut aller les chercher) et encore moins en fin d'ouvrage et numérotées par chapitre, car le lecteur doit alors mémoriser et le numéro du chapitre et celui de la note. Tout ceci n'est pas indifférent pour le confort du lecteur.

Indépendamment de l'aspect technique les notes peuvent servir à moduler ce qui est dans le texte : précision, repentir, dénégation. [92]

Quant aux renvois, ils permettent dans certains cas de renvoyer à des critiques, des références, des précisions qui n'existent pas nécessairement. On dit que ce fut une des techniques utilisées par les Encyclopédistes que de renvoyer pour la réfutation de tel argument ou la réfutation de réfutations à des chapitres d'ouvrages qui ne furent jamais écrits. Notes et renvois peuvent donc être utilisés pour constituer un jeu de piste ou un labyrinthe qui, volontairement, ne débouche sur rien.

Mettez en scène votre texte

> *« Je crois utile d'établir ici certaines règles,*
> *qui pourront être d'un grand secours aux esprits sublimes*
> *qu'on choisira pour faire un commentaire universel*
> *de ce merveilleux ouvrage. Ils sauront d'abord que j'ai caché*
> *un grand mystère dans le nombre de O qui se trouvent*
> *dans ce Traité, multiplié par sept et divisé par neuf. »*
>
> Dr SWIFT, *Conte du Tonneau.*

La mise en scène du texte, c'est essentiellement l'utilisation de moyens, pas toujours très scrupuleux, pour donner à ce texte une autorité supérieure à celle que lui donneraient vos seules compétences techniques et capacités de rédaction.

Nous vivons encore, en effet, dans un univers si soumis à toutes sortes d'autorités que l'argument le plus efficace, en tout cas le plus utilisé, reste l'autorité. Le plus souvent, il ne s'agit pas d'arguments d'autorité en soi, mais de l'utilisation d'un certain nombre de façons de faire et de dire qui vont conférer à l'auteur l'autorité qu'il recherche pour faire ensuite partager son point de vue ou à tout le moins être publié.

La mise en scène du texte est généralement l'apanage du pouvoir intellectuel. Les politiques utilisent davantage l'oral et une mise en scène de leur propre personne. Le pouvoir intellectuel s'arroge, lui, le droit d'utiliser des moyens qui, chez un honnête écrivain, apparaîtraient pour ce qu'ils sont : abusifs. Non seulement cela ne diminue pas son autorité mais cela la renforce.

« Quand j'emploie un mot, dit Humpty Dumpty avec un certain mépris, il signifie ce que je veux qu'il signifie, ni plus ni moins.

La question est de savoir, dit Alice, si vous pouvez faire que les mêmes mots signifient tant de choses différentes. La question est de savoir, dit Humpty Dumpty, qui est le maître, c'est tout. » (L. Carroll) [93].

Il n'est évidemment pas question, dans la plupart des situations auxquelles nous sommes confrontés, d'utiliser tous les moyens de la mise en scène. Cependant, on peut flirter avec elle. À tout le moins, à une époque où les présentateurs de TV se prennent pour des journalistes, les journalistes pour des philosophes et les professeurs de philosophie pour des prophètes, on ne peut se passer d'une certaine amplification du statut et du message. C'est particulièrement le cas lorsque ce qui est écrit a moins de valeur par le fond que par l'autorité de celui qui signe. Un rapport n'a pas la même valeur financière, ni la même autorité s'il est composé par un bénévole inconnu ou par un « partner » d'un cabinet conseil prestigieux. De même, la valeur monétaire d'un tableau est plus liée à l'attribution à tel peintre qu'a ses qualités intrinsèques. Lorsque tout le monde crie, il faut crier ou se taire. Il est vrai que certains silences sont particulièrement bruyants. Mais cela ne dure guère. Dans ce domaine, comme dans beaucoup d'autres, l'essentiel est qu'on parle de vous. Que ce soit en bien ou en mal est relativement secondaire !

La mise en scène du texte, c'est donc l'utilisation d'un certain nombre de moyens, indépendants du fond, c'est-à-dire de la substance du texte, qui vont conférer à ce texte un statut hors du vulgaire, hors du commun, une autorité qu'il n'aurait pas sans cela.

Exemple : « L'enjeu est autrement "important" : faire la science d'une œuvre qui est la science, c'est faire avancer par là même la science de l'objet dont cette œuvre est la science. » (P. Bourdieu)[94]. Certes...

Critique de l'exemple : « Alors vous devriez dire ce que vous pensez, poursuivit le lièvre de Mars.

– C'est ce que je fais, dit Alice très vite ; enfin... enfin, je pense ce que je dis..., c'est la même chose, n'est-ce pas ? Pas du tout la même chose, dit le Chapelier. Vous pourriez tout aussi bien dire que : "Je vois ce que je mange" est la même chose que : "Je mange ce que je vois !" Vous pourriez aussi bien dire, ajouta le Lièvre de Mars, que : "J'aime ce qu'on me donne" est la même chose que : "On me donne ce que j'aime." »

Vous pourriez tout aussi bien dire, ajouta le Loir qui semblait parler dans son sommeil, que : "Je respire quand je dors" est la même chose que : « Je dors quand je respire ! » (L. Carroll)[95].

Différenciez-vous par le caractère fondamental de votre approche

Les artifices utilisés, que nous indiquons par la suite, seront d'autant plus acceptables que votre travail se distinguera (il suffit de l'annoncer, de « l'énoncer », comme tel), par son caractère fondamental, radical, innovant, inouï pour tout dire. Il s'agit d'amorcer puis d'utiliser un cercle vertueux. Les artifices renforcent votre autorité. Celle-ci vous permet d'utiliser des artifices plus nombreux. Et ainsi de suite.

« Et c'est plus modestement, la dernière scène de mon Jugement Dernier. Imaginons un laboratoire. Dans ce laboratoire, une soupe primitive. Dans cette soupe primitive, un big-bang. » (B.-H. Lévy)[96] L'auteur confond ou assimile des phénomènes différents. Le big-bang, c'est le moment de la naissance de l'univers. La soupe primitive, c'est le milieu aqueux hypothétique où la vie serait née. Les deux phénomènes doivent être séparés par quelques milliards d'années. Cette confusion, absurde sur le plan scientifique, n'est là que pour donner l'image que l'auteur travaille sur des phénomènes fondamentaux qui sont ceux de la Création. Il y a quelques années, sans doute aurait-il parlé de Genèse ! Il s'agit en fait d'un argument par contamination comme en use la publicité

Différenciez-vous par l'utilisation de majuscules

Nous avons déjà rencontré, sous une forme simple, ce procédé de différenciation par l'utilisation de majuscules, de guillemets, d'adjectifs : la Religion/les religions ; la vraie Foi.

« Voter OUI c'est faire avancer l'Histoire. » Tract distribué lors du référendum sur le traité de Maastricht. Tout est dans le H majuscule.

Différenciez-vous par l'utilisation de synonymes savants

Plus subtilement, on différenciera le sens « profond » du sens vulgaire en utilisant un pur synonyme, mais qui sera désormais comme marqué du sceau scientifique. On pourra aussi marquer la différenciation par quelque chose qui s'apparente à un jeu de mots.

Il faut que les deux mots soient très proches si l'on veut obtenir l'effet recherché : « Autant le structuralisme vise à mettre à distance, à objectiver, à séparer de l'équation personnelle du chercheur la structure d'une institution, d'un mythe, d'un rite, autant la pensée herméneutique s'enfonce dans ce qu'on a pu appeler " le cercle herméneutique du comprendre " et du croire, qui la disqualifie comme science et la qualifie comme pensée médi-tante. Il n'y a donc pas lieu de juxtaposer deux manières de comprendre ; la question est plutôt de les enchaîner comme l'objectif et l'existentiel[97] (ou l'existential !). »[98] Le point d'excla-mation est de l'auteur, nous n'aurions pas osé.

Différenciez-vous en prenant les mots dans leur sens étymologique

« Utiliser autrement les mots de tout le monde, réactiver la vérité subtile, l'*etumon*[99], que la routine de l'usage vulgaire laisse à l'abandon [...] » (P. Bourdieu)[100] Cela donne cependant un caractère un peu précieux ou désuet. Il faut donc être prudent de nos jours. Qui sait que « Charmes » utilisé par Valéry comme titre d'un recueil de poèmes renvoie au sens étymologique de formules ayant un pouvoir magique ?

Différenciez-vous par des mots étrangers

On utilisera des mots étrangers, si possible dans une langue peu connue du grand public. Le procédé a été moqué par Rabelais : « Ho ! par Dieu, Domine, une paire de chausses est bon, et *vir sapiens non abhorrebit eam.*[101] Ha, ha, il n'a pas paire de chausses qui veut. Je le sais bien quant à moi. Advisez, Domine : il y a dix-huit jours que je suis à matagrobiliser cette belle harangue. *Reddite quoe sunt Caesari et quae sunt Deo.*[102] *Ibi jacet lepus*[103]. *Par ma foy*, Domine, si vous voulez souper avec moi, *in camera*, par le corps Dieu, *charitatis, nos faciemus bonum cherubin*[104]. *Ego occidi unum porcum, et ego habet bon vino*[105]... » (Rabelais)[106]. Bien que dénoncé, le procédé reste très utilisé de nos jours.

Le Centre Beaubourg, parfois pittoresquement appelé Centre Georges-Pompidou, présente en 1995 une exposition intitulée : *Animalia Cinematografica*, qu'on pourrait traduire sans perte de substance : Films animaliers. Indépendamment du snobisme que représente : Animalia, qui n'apporte aucune plus-value de sens, notons le *Cinematografica*, qui n'existe dans aucune langue, sauf dans le latin de cuisine des prétentieux en tous genres. Mais qu'importe, si cela se vend.

« Fénelon est *kicked upstairs* à l'archevêché de Cambrai, sublime promotion qui se transforme sous peu, sans y rien changer, en début d'exil. » (E. Le Roy Ladurie)[107] Une expression latine eût été adéquate pour ce savant prédicateur, mais qu'est-ce que l'expression anglaise apporte de plus ?

« Sprenger cite abondamment saint Thomas (*an uti auxilio daemonum sit malum*) ; Bodin préfère saint Augustin... ».

(R. Mandrou)[108] Ce savant auteur aurait pu se donner la peine de traduire dans un ouvrage destiné au grand public...

On pourra aussi mettre entre parenthèses à côté du mot que l'on utilise le mot dans la langue de l'auteur que l'on commente : « Y a-t-il de la pulsion de mort *(Todestrieb)*, c'est-à-dire, et Freud les associe régulièrement, une pulsion cruelle de destruction ou d'anéantissement ? »[109] Ce qui serait justifié dans une revue spécialisée, ne l'est pas dans un quotidien, dont le public n'est ni spécialiste, ni germanophone.

Reste le cas de l'utilisation du latin pour dire ce qui en français paraîtrait « braver l'honnêteté ». C'est une utilisation traditionnelle, et dans certains cas, il est effectivement impossible de traduire. En voici un exemple pris dans Voltaire : « ... et surtout votre Sanchez, qui dans son livre *De matrimonio*, a fait un recueil de tout ce que l'*Arétin* et *Le Portier des Chartreux*[110] auraient tremblé de dire. » Et Voltaire ajoute en note : « Il pousse l'abomination jusqu'à examiner sérieusement: An Virgo maria semen emiserit in copulatione cum Spiritu Sancto ? ». Lib. II, dis p. XXI, n° 11. « Et il tient pour l'affirmative. » Même avec la libéralisation des mœurs actuelles, cela reste intraduisible pour ne pas choquer inutilement certains publics.

Différenciez-vous par des formules mathématiques

« La théorie généralement utilisée en marketing pour comprendre comment se forme une attitude (évaluation affective d'un objet) est celle de Martin Fishbein. Ce psychosociologue américain règne sur la psychologie des attitudes depuis bientôt dix années. Son modèle est le suivant :

$$A = \sum_i P_i \times V_i$$

P_i = Perception (image) de la marque sur le critère i

V_i = Valeur (importance) du critère i

Que dit ce modèle? L'attitude d'un consommateur vis-à-vis d'une marque peut être prédite si l'on connaît l'image de cette marque sur les critères de choix saillants au moment de la décision d'achat ainsi que l'importance de chacun de ces critères pour le consommateur. » (J.-N. Kapferer) [111].

Est-il vraiment nécessaire de passer par ce qui semble être une intégrale pour émettre des évidences de bon sens, par exemple que si vous êtes sensible au prix et qu'une marque a pour vous une image de prix bas, vous achèterez un produit de cette marque? Oui, car la formule mathématique ou d'apparence telle, permet de passer du vulgaire bon sens à une vérité scientifique de valeur.

Différenciez-vous par les jeux de mots

Dans d'autres cas, on jouera franchement sur les mots :

«Sa rigueur s'exprime alors par le refus d'une trop grande rigueur. » [112]

«…avec une audace et une érudition éblouissante, l'auteur réalise une tâche vertigineuse : faire l'histoire de ce qui institue la philosophie en histoire, faire l'histoire des rapports entre le temps de l'histoire et la pensée du temps. » (Pub… pour un livre). On reconnaît le style Normale Sup.

«Le renversement qui, dans l'absence du temps, nous renvoie constamment à la présence de l'absence, mais à cette présence comme absence, à l'absence comme absence, à l'absence comme affirmation d'elle-même, affirmation où rien ne s'affirme, où rien ne cesse de s'affirmer, dans le harcèlement de l'indéfini, ce mouvement n'est pas dialectique. » (M. Blanchot) [113]

Différenciez-vous par un autre point de vue

Un autre procédé consiste à se différencier en laissant entendre que, seul, on a saisi le sens ultime de ce qui est en question. Dans sa forme la plus simple elle consiste à renverser un lieu commun, par exemple en faisant de Voltaire un auteur pour enfants et de La Fontaine, un auteur difficile propre à l'herméneutique la plus subtile.

Dans d'autres cas, on prendra un angle d'explication inédit, contraire à la platitude de l'idéologie dominante, et par là même souvent à côté de la question. Qu'importe!

« S'il y a une exception rebelle et énigmatique, c'est lui. Il inquiète, dérange, déborde ; il ne se livre pas, il est la cruauté puissante de la Perspective elle-même dans son questionnement ouvert et compact. » [114] Que Paris a de la chance de compter des intellectuels inquiétés par l'utilisation de la perspective chez Paolo Uccello. Ce qui est admirable dans ce type de texte, c'est que chaque adjectif utilisé pourrait être remplacé sans dommages par son inverse, son contraire ou le contraire de son inverse.

Différenciez-vous par des allusions pour initiés

Un autre procédé consiste à larder le texte d'allusions diverses : « Je prends, je tiens, j'annexe, je m'approprie, je m'agrippe, faute de pâlir sur Clausewitz, que Régis Debray se délecte avec Rabelais : Pichrochole et Nabuchodonosor, même combat. » [115] À propos de la guerre du Golfe et de songeries philosophico-planétaires : c'est tellement savant que nous n'avons rien compris !

Jouez sur la multiplicité des sens

Le double sens repose sur cette idée qu'un texte ou une image peuvent être lus de deux façons, l'une évidente, de bon sens, superficielle et l'autre qui donne accès à un autre sens ou un sens plus profond. Le double sens est une des sources de l'herméneu-tique… et du vaudeville.

Une première possibilité est offerte lorsque l'auteur, à l'évidence pour se moquer, écrit le contraire de ce qu'il pense, étant certain que l'on comprendra ce qu'il veut dire : « Longtemps mon patronyme a fait illusion, mais le voile se déchire […] : je suis antisémite. »[116]

Une seconde possibilité est offerte par l'usage de la métaphore. On pourra prendre ce que vous dites au pied de la lettre ou rechercher ce qui est derrière la métaphore.

« Toute la question est donc de savoir si [les prophéties] ont deux sens ; si elles sont figures, ou réalités ; c'est-à-dire s'il faut y chercher quelque autre chose que ce qui paraît d'abord, ou s'il faut s'arrêter uniquement à ce premier sens qu'elles présentent. » (Pascal)[117] Si Dieu a créé l'univers en sept jours, est-ce façon de parler ou vérité absolue ? Mais ce peut être aussi façon de parler et vérité absolue : « Quand la parole de Dieu, qui est véritable, est fausse littéralement, elle est vraie spirituellement. » (Pascal)[118]

Une autre possibilité est celle de textes apparemment techniques, mais qui recouvrent aussi quelque chose de l'ordre de la mystique, de la sagesse ou simplement de l'hygiène de vie. Cela va de l'ancienne alchimie à certaine diététique contemporaine.'

Tout ceci peut enrichir le texte et est donc tout à fait justifié. Mais le jeu sur le double sens peut très vite devenir abusif. « Il arriva heureusement en ce temps que le frère savant venait de lire les Dialectiques d'Aristote et particulièrement son merveilleux Traité de l'interprétation qui nous enseigne à trouver en tout passage tous les sens du monde, excepté celui de l'auteur ; ouvrage utile par conséquent aux Commentateurs des révélations, qui expliquent les Prophéties sans entendre un mot du texte originel. » (Swift)[119].

Cette recherche d'un double sens, d'un sens second, plus « profond » par rapport au sens premier, courant, est alors en grande partie un jeu intellectuel, difficile assurément, vain le plus souvent et qui ouvre la porte à de subtiles manipulations. En détachant une phrase de son contexte, en lui attribuant un sens autre, plus riche, plus profond, plus subtil, plus spirituel, on peut lui faire dire n'importe quoi. (Swift) [120]

« Chaque verset de l'Écriture Sainte est susceptible de plusieurs interprétations. » (Talmud) [121] Mais aussi : « Le texte de L'Écriture Sainte ne doit être interprété que dans son sens le plus simple. » (Talmud) [122] Chacun peut choisir.

Mais surtout, le sens second est un bon moyen d'établir un pouvoir intellectuel. Il s'agit alors de laisser entendre que l'on a enfin saisi le sens authentique de tel ou tel auteur, ce que personne n'avait su faire avant vous. L'idéal étant évidemment de laisser entendre que votre interprétation comporte à son tour un sens profond seulement compréhensible par ceux qui sont aussi géniaux que vous.

Le jeu sur le sens second est très difficile à réfuter. Ce pourrait l'être au nom du simple bon sens. [123] Cependant, le plus souvent, l'usage du sens second met en position de force, de pouvoir, car toute contestation sera récusée au nom de votre sottise qui ne peut percevoir le caractère créateur des « idées » de l'auteur.

Soyez obscur

> « ...on nous donne gravement pour de la philosophie
> les rêves de quelques mauvaises nuits. On me dira que je rêve aussi ;
> j'en conviens : mais ce que les autres n'ont garde de faire,
> je donne mes rêves pour des rêves, laissant chercher s'ils ont quelque
> chose d'utile aux gens éveillés. »
>
> J.-J. ROUSSEAU, *Émile*.

Nous avons vu précédemment que la clarté d'un texte était une politesse vis-à-vis du lecteur, qui lui facilitera la tâche, surtout si le thème traité est difficile. Cependant beaucoup de textes sont volontairement obscurs pour diverses raisons. Dans certains cas, les auteurs ne veulent être compris que d'initiés. Dans d'autres, ils veulent se laisser une échappatoire, et pouvoir dire : vous m'avez mal compris, par exemple dans le cas d'opinions hétérodoxes face à une orthodoxie fanatique. Aussi en raison de la difficulté du sujet et de nos jours certains articles scientifiques n'ont de sens que pour quelques centaines de savants.

Mais dans certains cas, l'obscurité du texte est un procédé utilisé pour impressionner le lecteur et lui laisser entendre que ce qu'il lit est d'une profondeur, d'une richesse, d'une complexité tout à fait hors du commun. C'est en fait, là aussi, un argument d'autorité.

Certains s'en sont moqués. [124] D'autres auteurs, tout en s'en moquant, ont bien vu que l'obscurité d'un texte pouvait être aussi un avantage : « Il est certain que tous les auteurs obscurs, depuis qu'ils se sont avisés de mourir, ont été extraordinairement heureux, dans la variété aussi bien que dans l'étendue de leur réputation. Comme la nuit est la Mère de toutes choses, les plus sages philosophes estiment tous les livres féconds en merveille à proportion de leur obscurité, et pour cette raison les adeptes, les vrais illuminés, c'est-à-dire les plus obscurs de tous, se sont attirés des commentateurs sans nombre, qui comme habiles Accoucheurs Scolastiques, les ont délivrés d'un grand nombre de sens différents que les auteurs n'avaient eu garde de concevoir. » (Swift) [125]

« Si Bergson avait employé une langue moins claire, un style plus "profond", on le relirait aujourd'hui. » (J. Monod) [126]

Presque toujours, l'obscurité est au service du pouvoir : « Il est également utile de préciser que ce corps de métier a un jargon et un vocabulaire particuliers qu'aucun autre mortel ne peut comprendre, et dans lequel on rédige les lois, en prenant bien soin de les multiplier, de sorte que les notions mêmes de vérité et de mensonge, de justice et d'injustice se trouvent complètement embrouillées ; on mettra donc trente ans à décider si le champ que m'ont laissé six générations d'ancêtres m'appartient à moi ou à un inconnu qui vit à trois cent milles de là. Quand on juge une personne accusée de crime d'État, on procède de façon bien plus rapide et salutaire : les juges vont s'informer de l'opinion des gens qui sont au pouvoir ; après quoi, ils peuvent facilement pendre ou absoudre le criminel, en respectant toutes les formes de la loi. » (Swift)[127]

À la limite, le discours incompréhensible recherche chez le lecteur un véritable sidération mentale. « Imprédicabilité de l'étance du "commencement" dont va émerger, exister, l'étant en se réclamant de son parent mâle qui déjà jouit d'une forme spécifique. Et si l'on remonte les causes de la génération, du désir et de l'amour de ce père pour Dieu : "origine" de pure propriété. Pour lequel l'intelligible sera identifié à l'intellection sans aporie possible venant de l'illimité d'une "matière première" du fait de son éternelle et parfaite autonomie. Être étranger à toute genèse. Séparé de toujours du encore à venir de sa formation. Mais encore plénitude en acte ne s'enlevant d'aucun sol (du) passé. Activité qui n'aurait jamais eu à transformer sa / de puissance en vue de quelque fin fût-ce celle de rendre même l'autre en lui puisqu'il a toujours été l'être en soi accompli. Et que ne se meut non plus dans aucun lieu (encore) naturel, ne comportant en soi, ni en se déplaçant dans, aucune étendue où insisterait encore son corps dans / avec celui de sa mèrematière. » (L. Irigaray)[128]

Nous avons recopié, difficilement, un paragraphe entier, pour qu'on ne puisse imaginer qu'il s'agit d'une phrase détachée de son contexte. On notera l'utilisation des guillemets, des parenthèses. Manquent les mots en grec, mais on les trouvera dans les pages suivantes, ainsi que les barres de fraction et les mots en italiques... Qu'on n'imagine pas qu'il s'agit d'un relâchement dans l'écriture ou d'un texte insuffisamment travaillé. Cela est parfaitement voulu. Le message de l'auteur est : Lisez-moi et je vous ferai approcher de cette vérité qui vous manque si cruellement, mais que de toute façon, vous ne pourrez jamais posséder, alors que moi je la possède pleinement : « Je suis la Voie, la Vérité... »

Il va de soi que tous ces procédés s'ils augmentent le pouvoir de l'auteur n'améliorent pas la lisibilité du texte. Il y a donc un arbitrage à opérer. On pourra s'inspirer de l'exemple donné par A. de Musset dans l'Histoire d'un merle blanc :

« Le sujet de mon ouvrage n'était autre que moi-même ; je me conformais en cela à la grande mode de notre temps. Je racontais mes souffrances passées avec une fatuité charmante ; je mettais le lecteur au fait de mille détails domestiques du plus piquant intérêt ; la description de l'écuelle de ma mère ne remplissait pas moins de quatorze chants : j'en avais compté les rainures, les trous, les bosses, les éclats, les échardes, les teintes diverses, les reflets ; j'en montrais le dedans, le dehors, les bords, le fond, les côtés, les plans inclinés, les plans droits ; passant au contenu, j'avais étudié les brins d'herbe, les pailles, les feuilles sèches, les petits morceaux de bois, les graviers, les gouttes d'eau, les débris de mouches, les pattes de hanneton cassées qui s'y trouvaient ; c'était une description ravissante. Mais ne pensez pas que je l'eusse imprimée d'une venue, il y a des lecteurs impertinents qui l'auraient sautée ; je l'avais habilement coupée par morceaux et entremêlée au récit, afin que rien n'en fût perdu ; en sorte qu'au moment le plus intéressant et le plus dramatique arrivaient tout d'un coup quatorze pages d'écuelle. » (A. de Musset) [129]

Attention, dosez en fonction de votre autorité

Tous ces artifices auront d'autant plus d'efficacité que vous bénéficierez déjà d'une certaine autorité, car la différence est parfois mince entre le charabia et la profondeur vertigineuse.

Et si vous estimez que les exemples que nous venons de donner sont des exemples à ne pas suivre, ne les suivez pas et amusez-vous seulement lorsque vous rencontrerez leurs homologues.

Donnez-vous un style

Il ne s'agit pas de devenir écrivain, ce qui suppose un certain don et beaucoup de travail, mais de faire ce que font tant d'auteurs, se donner un style qui puisse vous faire passer pour quelqu'un qui écrit bien, qui a du style. Oubliez alors les conseils classiques du bien écrire, bien concevoir pour bien énoncer ; de deux mots, choisir le moindre, etc.

Quant au fond, inspirez-vous des publicitaires : « La publicité crée peu. Elle récupère. Les publicitaires passent leur temps à faire croire qu'ils savent des choses que les autres ne savent pas. Mais c'est faux : ils copient. On pique ce qui se trouve dans l'air du temps et l'on cherche à dire ce que le plus grand nombre est prêt à accepter. » [130]

Quant à la forme, voici quelques conseils.

Le paragraphe

Une seule possibilité : le paragraphe court, ce qui donne au lecteur de nombreuses entrées dans le texte. En effet, lorsqu'un lecteur saute un passage, il ne rentre à nouveau dans le texte qu'au début d'un paragraphe. Le paragraphe long n'a d'intérêt que si vous souhaitez ne pas être lu. C'est parfois un singulier avantage. Mais il faut l'utiliser à bon escient, dans certains rapports, par exemple.

La phrase

Première possibilité : la phrase journalistique, très courte, avec suppression fréquente ou du sujet ou du verbe ou du complément. Cinq ou six mots suffisent. C'est le plus facile. Après avoir écrit un premier jet, vous supprimez le maximum de mots, et vous passez pour Stendhal. Deuxième possibilité : la phrase très longue (une page !) avec de nombreuses incidentes et de nombreuses conjonctions. C'est un style plus difficile, car il suppose une certaine maîtrise de la construction de la phrase, mais vous passez tout de suite pour Proust.

Le verbe

Dans les textes courants, on privilégiera les verbes d'action par rapport aux verbes d'état.

Dans d'autres cas, on réifiera le verbe. On dira « La pensée d'Untel est… » et non « Untel pense que… ». On constitue ainsi la vague idée d'Untel en une Pensée structurée et Untel en Penseur.

Dans d'autres textes, on utilisera les verbes de façon figurée. On dira, par exemple : « Il est habité par la Bible. »[131] et non « Il lit la Bible. »

L'adjectif

C'est un point clé. L'adjectif sert à tout :
- enrichir et embellir un mot ;
- modifier le sens de ce mot ou même le contredire ;
- ajouter, sans avoir l'air, une pointe d'admiration ou de mépris ;
- déconsidérer l'adversaire ou rendre génial le partenaire ou le faire-valoir ;
- et enfin donner valeur de pensée profonde à une banalité.

« Loin d'être dépassé, surmonté, déconsidéré par la brutalité des temps, renvoyé à une convulsion historique ou à un effondrement traumatique, Nietzsche, comme tous les penseurs essentiels, vient lentement vers nous, se défait de ses suiveurs bavards comme de ses ennemis répétitifs. »[132] Ôtez les adjectifs, il ne reste qu'une parfaite banalité !

De nos jours, l'adjectif doit être extrême, car les journalistes les usent très vite et leur sens s'appauvrit : « complexité vertigineuse », « contestation radicale », « vérité indestructible ». [133]

« On peut assister aujourd'hui au paradoxe suivant : plus l'ignorance publicitaire et télévisuelle augmente (...) et plus les classiques deviennent des auteurs surprenants, révolutionnaires, fous, surréalistes... » [134] Quatre adjectifs et l'on passe en revue tout ce qui a été à la mode durant le XXe siècle.

« [la poésie] … est une quête incessante, une remise en question, le champ clos où se rencontrent le visible et l'invisible, où s'affrontent la muse, l'ange, la statue, le miroir et les épiphanies du désir amoureux. » [135] Il s'agit de la poésie de J. Cocteau. Il n'y manque donc que le carton pâte.

Il doit aussi être inattendu. On utilisera, pour ce faire, les possibilités offertes par certain logiciels qui fournissent, à la demande, les antonymes de certains mots. Si l'on a écrit : « soleil brillant », on rectifiera en « soleil éteint », ce qui est beaucoup plus frappant. Cela ne veut rien dire et alors ? Il permet aussi de construire des distinctions entre des mots de sens très voisin. « ... il lui [le Parti communiste] faudrait assumer publiquement ce qui devient à la longue sa vraie nature : un réformisme plébéien. Faute de quoi, il risque de tourner au populisme de gauche. » [136]

La comparaison

C'est une figure de style des plus communes : briller comme le soleil, etc. Utilisée ainsi, elle est de peu d'intérêt, car banale. Il faut donc la renouveler en mettant en relation des termes qui ne les sont pas habituellement.

« Maniant la plume ou le crayon comme un rasoir, Masson, d'une écriture nerveuse, dresse sur le papier les radiographies de ses visions et de ses rythmes intérieurs. » [137] Crayon n'a rien à voir avec rasoir. C'est ce qui fait, sans doute aux yeux de l'auteur le charme de cette comparaison ! De plus, il file la comparaison et les radiographies n'ont, elles non plus, rien à voir avec le rasoir. Précisons pour les ignorants que Masson est un peintre.

L'accumulation

Normalement, un mot bien choisi suffit à dire ce que l'on veut dire. Mais cela est bien insuffisant dès que l'on veut donner l'impression que l'on a une pensée et que l'on possède un style. Il faut alors au moins trois mots ou trois expressions pour que le lecteur pressente toute la richesse du contenu :

« [...] non sans batailles, défaites, régressions et, parfois, avancées fulgurantes. » [138]

« Un art de la liberté, pour s'imposer, doit savoir résister d'abord à toutes les falsifications du conformisme, aux mensonges comme aux lâchetés. » [139] L'on peut parfois aller jusqu'à quatre, mais il ne faut point abuser de ce procédé.

L'extension

Comme le disent les bons auteurs à propos des compositions littéraires pour baccalauréat, il faut savoir élargir un sujet, surtout dans la conclusion. Cela consiste essentiellement à parler de choses qui ne sont point dans le sujet, mériteraient une autre dissertation, mais lui sont plus ou moins connexes. Dans certains cas, on jouera sur les contraires. On ne parlera point d'amour sans y mêler la mort, de littérature sans y mêler la linguistique, ni d'architecture sans l'espace ni le temps, ni le sujet, ni...

« Le dernier volume de la Trilogie des confins emmène ses lecteurs aux frontières du réel et du rêve, de la vie et de la mort... »

« Mais le moment est venu d'aller plus loin, de prendre des risques, de redéfinir les corps, l'espace, le temps. [140]

« Mais laissons de côté provisoirement cette question ouverte : peut-être ce geste qui préside en vérité à l'institution de la métaphysique est-il inscrit aussi dans le concept d'histoire et même dans le concept de temps. » (Derrida) [141]

« Avec "Inceste", la romancière va plus loin. Elle dit tout, fait rire, inquiète, attaque tous les conformismes : homo, hétéro, familiaux. Et surtout fait exploser la littérature consensuelle pour poser la seule question qui vaille : quel est le rapport d'un écrivain à la vérité ? » (Savigneau) [142] Et tout ça en seulement 218 pages.

« La publicité tous les jours, nous convie aux rêves pleins d'émotion existentielle, ceux d'une transgression de l'espace, ceux d'une osmose avec le cosmique, ceux d'une participation à l'Univers, ce " Grand Tout " qui est hors de nous-mêmes en même temps qu'en nous-mêmes. Chaque page publicitaire corrige la finitude de l'objet par l'infini céleste, sa banalité quotidienne par le mystère cosmique. Mais loin de la seule stratégie publicitaire, la quête, si on y prête attention, est plus profonde. Elle exprime une soif d'absolu [...] » [143]

La rareté

Il faut en user et en abuser.

Une bonne rareté est donnée par l'expression technique que seuls connaissent les spécialistes. On peut utiliser aussi des mots un peu vieillis, ou des mots courants mais en les prenant dans une acception ancienne. On peut surtout combiner les mots de façon inusuelle, par exemple en adjoignant à un mot un adjectif inhabituel : « effervescence figée. » [144]

La réciproque, l'inverse et l'inverse de la réciproque

Les lieux communs sont inusables dans leur principe, bien que devant être périodiquement renouvelés dans leur forme.

« Si sa vie et son écriture n'avaient eu lieu, de façon passionnée et précise, que pour marquer la relativité et le rien du tout, la passion du rien à propos de tout ? Et cela de façon positive ? »[145] À propos de Mme de Sévigné !

Si nécessaire, sachez faire de la page

Faire de la page, tirer à la ligne, ne doit pas être le résultat d'une pensée confuse qui accumule des mots pour se dépêtrer de cette confusion.

C'est parfois une nécessité. Si vous voulez écrire 120 pages pour une collection de romans d'amour populaires, votre thème sera fort simple et il vous faudra beaucoup d'imagination et beaucoup de métier pour écrire ces pages sur une situation des plus minces.

Dans d'autres cas, un travail qui aura demandé bien du temps, de la réflexion et des efforts pourra être exprimé en quelques lignes. Cela risque d'être bien insuffisant pour un commanditaire qui jaugera la qualité à l'aune de l'épaisseur de votre rapport. Il vous faudra allonger (les lycéens disent délayer) votre texte. Voici, pour ce faire, une méthode parmi d'autres.

« Les verbes auxiliaires que nous considérons ici sont : être, avoir, faire (actif et passif), devoir, vouloir, pouvoir, avoir coutume de. Ceux-ci doivent être conjugués à tous les temps présent, passé ou futur ; on leur ajoutera les questions suivantes, simples d'abord : est-ce, était-ce ? sera-ce ? serait-ce ? se peut-il ? se pourrait-il ? puis négatives : n'est-ce pas ? n'était-ce pas ? ne devrait-il pas être ? suit la forme affirmative : c'est, c'était, ce devrait être, puis la forme chronologique : cela a-t-il toujours été ? depuis peu ? combien de temps ? puis l'hypothétique : si c'était ? si ce n'était pas ?, que s'ensuivrait-il ? Si les Français battaient les Anglais ? Si le soleil sortait du Zodiaque ? [...]

– As-tu jamais vu un ours blanc s'écria mon père en se tournant vers Trim, debout derrière son fauteuil.

– Non, n'en déplaise à votre honneur, répliqua le caporal. [...]

– C'est une question de fait, dit mon père et la possibilité est la suivante :

Un ours blanc, bon ! En ai-je vu un ? en verrai-je jamais un ? eussé-je dû en voir un ? me sera-t-il possible d'en voir un ?

Puissé-je avoir vu un ours blanc ! (sinon comment l'imaginer ?)

Si je voyais un ours blanc, que dirais-je ? Si je ne devais jamais en voir, que penser ?

Si je ne dois, je ne puis, ou ne souhaite voir un ours blanc vivant, n'en ai-je jamais vu la peau d'un ? en ai-je lu la description ? en ai-je vu la peinture ? en rêve ? Mes père, mère, oncle, tante, frères, sœurs ont-ils jamais vu un ours blanc ? Que donneraient-ils pour cela ? Comment se comporteraient-ils ? Comment l'ours blanc se serait-il comporté ? Est-il sauvage ? apprivoisé ? terrible ? hérissé ? peigné ?

Vaut-il la peine de voir un ours blanc ? N'est-ce rien après tout, qu'un ours blanc ? Vaut-il plus qu'un OURS NOIR ? » (L. Sterne) [146]

L'auteur se moque évidemment, mais d'écrivains bien réels ! Une fois de plus ce qui est contestable est aussi utilisable !

Chapitre 8

Soyez persuasif au cours de vos entretiens

L'art de convaincre traditionnel est un art d'orateur ou d'écrivain. Il s'adresse à un public plus ou moins vaste. C'est aussi un art qui utilise des procédés rhétoriques, dont la caractéristique commune est un certain grossissement. Comme tels beaucoup de ces procédés sont inutilisables lorsque l'on s'adresse à une seule personne, et l'entretien n'est ni un discours ni un sermon ni un article. Il est beaucoup plus intime et l'argumentation se doit d'y être plus sobre.

Cet inconvénient se double d'un avantage, car il est beaucoup plus facile de cibler son argumentation sur une personne unique aux caractéristiques uniques. De plus vous pouvez jouer davantage de votre personnalité, généralement bien connue de votre interlocuteur.

Puisqu'il s'agit de persuader, nous ne parlerons pas ici de ces entretiens professionnels, où l'une des parties détient toute l'autorité et tout le pouvoir comme dans la plupart des entretiens de recrutement, ou peut utiliser l'autorité en dernier recours, comme lors de beaucoup d'entretiens de fixation d'objectifs ou d'évaluation.

Nous nous centrerons sur deux types d'entretiens, professionnels ou non. Ceux dans lesquels on espère obtenir une adhésion vraie et donc un changement d'attitude ou de comportement, et où il ne peut y avoir de concessions que psychologiques. Et ceux qui comportent une part plus ou moins importante de négociation, c'est-à-dire dans lesquels vous devrez faire des concessions de fond.

Faites en sorte de connaître votre cible

> *« C'est être ignorant et aveugle dans la science de commander les armées que de penser qu'un général ait quelque chose de plus important à faire que de s'appliquer à connaître les inclinations et le caractère de son antagoniste. Il faut qu'un général cherche attentivement dans celui qui lui est opposé quel est dans son caractère le faible ou le penchant par où l'on peut aisément le surprendre. »*
>
> TITE-LIVE

Dans ce type d'entretiens, c'est le ciblage de l'argumentation sur la personnalité d'autrui qui doit être la préoccupation principale. Ce ciblage peut se faire avant et pendant l'entretien.

Avant l'entretien

Par la réflexion

On peut partir d'un certain nombre d'*a priori* : un homme n'est pas une femme, et un homme de trente ans n'est pas un homme de soixante. Un ouvrier n'est pas un cadre, etc. Ceci peut paraître banal ou évident, mais peut déjà rétrécir l'éventail de l'argumentation à rechercher puis à utiliser.

Par le recueil d'information

Il s'agit de rassembler toute l'information disponible sur la personne avec laquelle se déroulera l'entretien. Cette information doit être fiable. Des ragots plus ou moins bien intentionnés pourraient induire en erreur.

Mettez tout cela par écrit. Vous vous apercevrez que vous disposez de beaucoup d'informations. Vous vous apercevrez aussi que des informations manquent, dont vous devriez disposer. Vous verrez ainsi combien l'on peut côtoyer des individus et parfois proches, sans vraiment les connaître et vous prendrez de bonnes résolutions utiles… la prochaine fois.

Recherchez l'information manquante mais sans doute disponible dans des dossiers ou des archives. Notez l'information qu'il vous faudra rechercher pendant l'entretien.

Pendant l'entretien

Le verbal

Dès le début de l'entretien, essayez de faire parler pour deviner la psychologie de votre cible, si vous la connaissez peu, ou son état d'esprit actuel, si vous la connaissez mieux. Bien des gens aiment parler et surtout parler d'eux. Essayez donc (sans abuser) de faire parler votre interlocuteur. Écoutez attentivement en étant sensible à la fois au contenu de ce qui est dit, à sa forme (plus ou moins factuelle ou agressive, ou séductrice…) et à l'environnement en particulier au non-verbal pour adapter votre propos. Dans certains cas, n'hésitez pas à reformuler la position ou les arguments de l'autre (si je vous ai bien compris, vous pensez que…). Cela lui montre que vous l'écoutez réellement. Et cela vous permet de vous assurer que vous avez bien compris ce qui est en jeu. N'abusez pas cependant pour ne pas donner l'impression que vous utilisez un de ces trucs de psychologue ou d'enquêteur qui peuvent être prodigieusement agaçants.

Le non-verbal

> *« La nature ayant destiné l'homme pour la vie civile, ne s'est pas contentée de lui avoir donné la langue pour découvrir ses intentions. Elle a encore voulu imprimer sur son front et dans ses yeux, les Images de ses pensées. Afin que s'il arrivait que ses paroles viennent à démentir son cœur, son visage puisse démentir sa parole »*
>
> Le Caractère des passions, par le Sieur de la Chambre, Paris, 1663.

L'entretien est d'abord un échange verbal d'information. Mais d'autres informations sont disponibles, qui peuvent porter sur la psychologie de votre interlocuteur, son caractère ou son humeur du moment qui pourront spécifier ce qu'il dira et orienter ce que vous direz.

Certaines de ces informations sont données par le non-verbal, c'est-à-dire tout ce qui accompagne la parole. L'importance du non-verbal tient au fait que beaucoup d'individus savent mentir, mais que très peu savent faire mentir leur corps, ne serait-ce que parce qu'ils ne le surveillent pas. Seuls les acteurs professionnels peuvent faire dire à leur corps quelque chose qu'ils ne ressentent pas. Cela suppose un long apprentissage.

Le non-verbal précède, accompagne ou suit le verbal. Il souligne, renforce et parfois contredit le discours. Son observation est donc essentielle pour comprendre vraiment un discours.

Voici quelques exemples d'observations qui peuvent être faites.

L'équilibre du corps

La façon dont une personne prend appui sur le sol, sur son siège, est toujours indicative d'une attitude psychologique. Ainsi quand l'interlocuteur va tenter de prendre la parole ou changer d'attitude psychologique, il va d'abord modifier ses points d'appui sur le sol. Son mouvement est alors un signal à enregistrer.

Exemple : La personne confiante a les deux pieds sur terre. Elle est bien calée sur son siège. La personne mal à l'aise a tendance à s'asseoir à l'avant du siège.

L'orientation du corps

Se tourner vers, se détourner de, se pencher vers, s'enfoncer dans son fauteuil...

Les modifications de postures au cours de l'entretien sont autant d'indices à noter, pour comprendre l'attitude psychologique de son interlocuteur.

L'ouverture et la fermeture

Les mouvements des bras (l'amplitude des gestes, la place des mains) accompagnent le discours et reflètent les attitudes.

Dans une relation confiante, les gestes d'accueil sont naturels : mains ouvertes, mobiles, gestes larges, spontanés. Dans une situation de défense, l'individu va se ramasser sur lui-même, il va croiser les bras, les jambes, il va chercher à se rassurer en se frottant une partie du corps (se gratter, se pincer, se mordre les lèvres).

La tension et la détente

Dans les situations de détente, les appuis sont stables ; les gestes ouverts ; les mouvements sont spontanés et accompagnent le discours ; la voix est plutôt grave et bien posée ; le rythme d'expression est régulier ; la respiration est lente ; le contact visuel est régulier.

La mimique

L'intensité des expressions sur un visage varie suivant le sexe, l'appartenance culturelle, la personnalité de chacun.

Elle dépend aussi, en chaque situation, du niveau d'intérêt de la personne. Chaque individu possède un mode d'expression particulier. Il est donc important au cours d'un entretien de déterminer les modes d'émotion de son interlocuteur (la joie, la peur, la colère, la surprise, la tristesse) pour mieux saisir l'humeur de cette personne.

Toute modification de l'expression est un indice à surveiller et à analyser en fonction du contexte particulier de l'entretien.

Le contact visuel

Le contact visuel est à la fois une stimulation pour l'interlocuteur, et une nécessité pour observer les comportements. Plus l'échange est intense et demande une vérification constante des réactions, plus les regards seront rapides et denses. Un regard soutenu au cours des phases de questionnement peut ainsi transformer rapidement l'entretien en un interrogatoire.

Le fait d'éviter le regard traduit le plus souvent de la nervosité, le manque de confiance en soi ou encore une relation difficile.

Argumentez vers votre cible

Lorsqu'on s'adresse à un public, c'est généralement pour des raisons professionnelles ou qui peuvent y ressembler. Il n'y a guère de différence entre le maire d'une petite commune s'adressant à son conseil municipal, le responsable d'entreprise s'adressant à ses subordonnés ou faisant un exposé devant ses supérieurs, ou le bénévole faisant un rapport sur tel point de la vie d'une association. Dans tous les cas, on ne choisit ni le thème, ni le lieu, ni le moment, ni le public. En revanche, dans un entretien, on a sur ces points une certaine marge d'action qu'il faut utiliser à son profit.

Choisissez le moment

Inutile de discuter avec quelqu'un qui se réveille ou qui s'endort, c'est évident. Inutile également de discuter d'un sujet si votre interlocuteur est si préoccupé par un autre problème qu'il aura du mal à vous écouter réellement.

La règle est évidemment d'essayer de convaincre l'autre lorsque lui est à même de vous écouter et non lorsque vous, vous avez envie de le convaincre. Là comme ailleurs, centrez-vous sur l'autre.

Choisissez le lieu

Le lieu où se passe l'entretien n'est pas indifférent. Ce peut être chez soi, chez l'autre, en terrain neutre, en terrain autre. Aller chez l'autre montre que l'on fait un effort, mais peut aussi être ressenti comme une intrusion sur son territoire. Le terrain neutre, couloir, machine à café, met les deux partenaires à égalité. Le terrain autre, terrain de sport ou même vacances permet souvent d'avoir un partenaire plus détendu.

Choisissez la forme

En fonction de votre cible et de votre message, tous les styles peuvent être utilisés, du populaire au relevé. Mais quel que soit votre langage, surveillez votre ton, car le ton est très important, selon l'expression, très vraie en psychologie, que c'est le ton qui fait la chanson.

Surveillez votre ton, qu'il ne soit ni agressif, ni désinvolte, ni grognon, ni... Essayez d'être détendu et souriant, sans excès.

L'attitude

Soyez à l'écoute et montrez-le

Écoutez vraiment ce que l'on vous dit. Tenez-en compte et intégrez-le.

Montrez que vous écoutez en regardant votre interlocuteur et en posant des questions sur ce qui vient d'être dit. N'hésitez pas à faire répéter un point délicat.

Soyez ouvert ou donnez-en au moins l'impression

Ne discutez pas sur tout. Éventuellement, négociez et montrez que vous le faites.

Montrez que vous êtes prêt à envisager des possibilités que vous n'aviez pas envisagées au premier abord. Modifiez vos positions si nécessaire, c'est-à-dire si l'autre le pense nécessaire et que cela ne présente pas d'inconvénient réel.

Soyez positif

Ne critiquez pas inutilement.

Voyez le bon côté de chaque chose et montrez que vous le voyez.

L'argumentation

L'autre ne sera convaincu que s'il y voit son intérêt au sens large, et non si vous le voyez pour lui. Deux cas peuvent se présenter. Soit vous n'avez avec l'autre qu'une relation qui engage peu d'affectivité, soit l'essentiel de la relation est affective, comme c'est le cas vis-à-vis de membres de sa famille ou dans les relations amoureuses.

Dans ce dernier cas, l'autre peut accepter une solution qui n'est pas réellement convaincante pour lui, mais pour vous faire plaisir et avec espoir de réciprocité, par exemple en pensant que vous l'en aimerez davantage.

Dans l'autre cas, vous vous devez d'être réellement convaincant, la relation affective ne pouvant servir de ressort, ce qui ne veut évidemment pas dire que l'affectivité de l'autre ne doit pas être mise en jeu.

Évitez de croire que vous avez entièrement raison et ne matraquez pas d'arguments même si ce sont de bons arguments sur un plan rationnel. Une pression trop forte peut être ressentie négativement et faire que l'autre s'arc-boute sur ses positions, même s'il sent qu'elles sont discutables.

Sachez faire les concessions nécessaires

L'attitude négociatrice

Dans le cas où l'on espère obtenir d'autrui un changement d'attitude, il est bon de faire quelques concessions, bien que dans certains cas l'on ait peu de choses à offrir. Ces concessions peuvent porter sur les points suivants :

* La reconnaissance du poids social de l'interlocuteur qui fait justement que vous avez besoin de lui et de son changement d'attitude. Ce peut être aussi la reconnaissance de son poids affectif qui fait que vous tenez à son changement.

* La reconnaissance de son point de vue. Bien que l'on ne soit pas d'accord avec lui, on peut reconnaître la validité de sa position, de son point de vue.

* La reconnaissance de ses arguments. Même si l'on s'efforce de les réduire par la suite, on peut montrer de l'intérêt lorsqu'ils sont énoncés. Lors même de la réfutation, on pourra d'entrée montrer que ce sont des arguments intéressants, mais que…

- La reconnaissance des efforts que son changement d'opinion peut lui demander, en soulignant bien sûr que ces efforts seront récompensés par de nouveaux éléments positifs.

La négociation formelle

Dans le cas de négociations formelles, celles où l'autre attend normalement des contreparties, les concessions énoncées ci-dessus restent nécessaires, mais ne sont plus suffisantes. Suivant les sujets, ces concessions peuvent porter sur des points innombrables, impossibles à recenser. Mais un principe reste valable dans tous les cas.

Il faut faire des concessions sur des points secondaires pour vous, mais qui apparaissent majeurs aux yeux de l'autre.

Autrement dit, il faut concéder au désir de l'autre et il faut le leurrer sur votre véritable désir.

Voici un exemple de négociation habilement conduite :

« Quand vous avez besoin d'un chapeau, ne dites pas à votre mari :

Il faudrait que tu me donnes de l'argent pour acheter un chapeau.

Dites-lui avec un soupir :

Ce qui m'embête c'est que je ne peux pas aller voir la femme de ton directeur, parce que je n'ai pas de manteau de fourrure.

Quoi ?

Évidemment, avec un chapeau d'hiver sur la tête, je ne peux y aller en tailleur. Toutefois je pourrais m'arranger avec un petit chapeau de paille, c'est tout de même meilleur marché qu'un manteau en pattes d'astrakan.

Vous avez l'air de faire une concession... Et vous obtenez ce que vous souhaitiez. » [147]

La réfutation de l'argumentation d'autrui

Faites votre repérage

> « *Il est étrange combien c'est une qualité rare*
> *que cette exactitude de jugement.*
> *On ne rencontre partout que des esprits faux, qui n'ont*
> *presqu'aucun discernement de la vérité, qui prennent toutes choses*
> *d'un mauvais biais, qui se payent des plus mauvaises raisons ;*
> *et qui veulent en payer les autres ; qui se laissent emporter par*
> *les moindres apparences ; qui sont toujours dans l'excès*
> *et dans les extrémités [...] ; qui décident*
> *hardiment ce qu'ils ignorent, ce qu'ils n'entendent pas,*
> *et ce que personne n'a peut-être jamais entendu [...]*
> *C'est pourquoi il n'y a point d'absurdités si insupportables qui ne*
> *trouvent des approbateurs.* »
> ARNAUD et NICOLLE, *op. cit.*

Réfuter est souvent plus facile que de construire une argumentation solide, sérieuse, efficace, en raison de ce fait qu'il est plus facile de voir *« la paille dans l'œil du voisin que la poutre qui est dans le sien ».* (Matthieu)[148]

Lorsqu'on argumente c'est, généralement, parce qu'on est fortement convaincu de quelque chose et que l'on veut en convaincre d'autres personnes. Cette conviction personnelle est souvent un piège : l'affectivité s'en mêle fortement et l'on perd de vue cette logique que l'on reproche pertinemment aux autres d'oublier si souvent.

Réfuter, ce peut être :

• détruire l'argumentation d'autrui ;

• ou construire une autre argumentation.

Chacune de ces approches comporte des difficultés particulières et le choix entre ces deux approches doit se faire en fonction d'un certain nombre de considérations.

La première est d'examiner les arguments de l'autre pour en déterminer la solidité. Hélas ! Des arguments très faibles peuvent être convaincants. De plus certains publics ne comprendront pas votre démonstration, si vous montrez que ne sont pas solides des arguments qu'eux trouvent intellectuellement solides, parce qu'ils sont affectivement convaincants. Rien de plus difficile que de lutter avec un adversaire de mauvaise foi.

Il y a donc face à une argumentation, à procéder à deux examens :

• l'un qui porte sur la qualité des arguments utilisés par autrui ;

• l'autre qui porte sur l'impact, vis-à-vis d'un public précis, de la réfutation de tel ou tel argument.

Enfin un second élément est à considérer : la valeur logique du discours d'autrui. Paradoxalement, il est plus facile de réfuter une argumentation logique, parce qu'elle donne prise à la réfutation. En revanche, un discours illogique, sans plan, n'utilisant qu'approximations, amalgames et glissement de sens des mots, ne pourrait être réfuté qu'après avoir été remis debout en quelque sorte. Cela prendrait du temps et serait de peu d'efficacité. Cette difficulté à réfuter une pensée floue explique, sans l'excuser, que lorsque des hommes politiques contre-argumentent, ils ne reprennent généralement qu'un point de l'argumentation d'autrui, facile à contredire, et font comme si cette seule réfutation renversait la totalité de l'argumentation de leur adversaire.

En fonction donc, du résultat de cet examen, qui porte à la fois sur la logique de l'argumentation d'autrui et la solidité de chacun de ses arguments, l'on penchera soit vers une réfutation soit vers la construction d'une autre argumentation.

Si l'on penche vers une réfutation, on reprendra les arguments un à un et l'on s'efforcera de montrer leur invalidité. Dans d'autres cas, c'est l'ensemble du système de référence qu'il faudra mettre en cause. On connaît par exemple ces exercices de créativité qui ne trouvent de solution que si l'on sait chercher cette solution hors du cadre implicite qui est fixé. Dans un certain nombre de situations, enfin, on se gardera bien de rappeler les arguments d'autrui et on détruira l'ensemble de sa position par une attitude de contestation globale au nom des grands principes, d'ironie ou d'exagération, qui souvent n'est pas loin de l'attaque *ad hominem*.[149]

Si l'on penche vers la construction d'une autre argumentation, il faudra se situer par rapport à l'argumentation précédemment développée. Dans certains cas, on se situera au même niveau, avec le risque, cette construction étant une réponse, d'être amené, pour être efficace, à utiliser des arguments d'une qualité peut-être moindre.

Dans d'autres cas, on se situera sur un autre plan, concret si l'autre a été abstrait, moral ou philosophique s'il a été concret.

Dans d'autres cas, enfin, on parlera franchement d'autre chose, essentiellement pour faire oublier ce qui a été dit.

Situez l'autre

La fréquentation des milieux politisés vous apprend rapidement, et souvent à vos dépens, que ce qui compte n'est pas le contenu du manifeste que l'on signe, mais la coloration politique des cosignataires. Bien des groupuscules ont pour tactique d'attirer sous la proclamation des meilleurs principes des compagnons de route ou des naïfs qui discutent d'un contenu qui n'intéresse personne.

Avant même de réfuter, c'est-à-dire de faire publiquement état de désaccords, il est nécessaire de bien comprendre ce qui est en jeu de façon à ne pas réfuter à côté de ce qui est réellement en cause, ce qui n'aurait strictement aucun effet, sauf si cela relève d'une stratégie bien pensée ou si l'on ne peut faire autrement.

Voici par exemple une excellente argumentation mais qui se situe à côté du véritable enjeu. Un savant mathématicien démontre, ce que chacun sait, que le découpage des circonscriptions électorales en France est parfaitement injuste. Il indique qu'il existe une fonction mathématique qui permettrait un découpage beaucoup plus démocratique. Il a sûrement raison, l'avantage (et l'inconvénient !) des mathématiques étant que la vérification en est simple. Il fait son métier de savant en écrivant un article à ce sujet et le journal fait le sien en le publiant. [150] Mais cela n'a aucune importance, car si le découpage est injuste, c'est qu'il arrange la majorité des décideurs en ce domaine. Il ne suffit pas d'avoir raison, encore faut-il avoir quelque chance d'être entendu.

Il va de soi que la plupart des argumentations, dès qu'elles sortent du domaine scientifique, sont profondément biaisées et ne se présentent pas à découvert. C'est particulièrement vrai dans ces domaines flous que sont la religion, la morale, la politique, la philosophie et pour une part les « sciences » humaines, chacun de ces domaines étant trop souvent contaminé par les autres, volontairement ou non.

« D'où parle l'autre ? » est donc la première question à se poser. Ce lieu est à tout le moins double. Personnel et social. Chacun sait que chaque groupe social est composé d'individus qui se déchirent entre eux, mais qui font front face aux autres groupes. Chaque individu va donc être mené par son jeu personnel : richesse, séduction, pouvoir. Et mené par un jeu de groupe, sexuel, social, économique, religieux, ethnique, national, etc.

La politesse et d'autres normes sociales, la morale bien sûr, mais aussi dans de nombreux cas pour les groupes les plus puissants, la loi, empêchent de faire état de ces éléments. Cela n'aurait d'ailleurs aucun intérêt ni aucune efficacité. Cela pourrait même être dangereux. Pour reprendre une plaisanterie célèbre, si l'on est soupçonné d'avoir volé la Tour Eiffel, il faut proclamer que l'on a toute confiance dans la justice de son pays et dans le même temps passer en Suisse, ou mieux dans un pays qui n'a pas de convention d'extradition avec la France.

Situer l'autre permet seulement d'appréhender le décalage opéré par autrui entre ce qu'il dit et ce qu'il vise et de se calquer sur ce décalage, de façon à opérer un décalage du même ordre.

Exemple. Les groupuscules politiques, minoritaires par définition, lors d'une décision à prendre, argumentent rarement sur le fond où éclaterait le décalage entre ce qu'ils visent et la position de la majorité, mais engagent des batailles de procédure, où la majorité et les gens de bonne foi sont malhabiles, soit qu'ils n'en aient pas l'habitude, soit qu'ils n'en comprennent pas la portée. Ces procédures, par la suite, engageront beaucoup plus que le fond. Si l'on veut s'opposer efficacement, il serait vain de mener la bataille sur le fond. Il faut s'opposer, et positivement, sur le plan des procédures. C'est typiquement le cas où il faut comprendre le décalage introduit par autrui pour se calquer sur ce décalage.

Repérez les faux arguments

> *« Si l'on examine avec soin ce qui attache ordinairement*
> *les hommes plutôt à une opinion qu'à une autre, on trouvera*
> *que ce n'est pas la pénétration de la vérité et la force des raisons ;*
> *mais quelque lien d'amour propre, d'intérêt ou de passion.[…].*
> *Nous jugeons les choses, non par ce qu'elles sont en elles-mêmes ;*
> *mais par ce qu'elles sont à notre égard : et la vérité et l'utilité*
> *ne sont pour nous qu'une même chose. »*
>
> ARNAUD et NICOLLE, *op. cit.*

Il n'y a pas à proprement parler de faux arguments, puisqu'un argument est fait pour convaincre et que s'il est convaincant... Mais il y a des arguments malhonnêtes intellectuellement ou moralement, avec des degrés bien sûr...

Il y a surtout des arguments que l'on peut réfuter, pour des raisons de fond, de forme ou de morale... et d'autres qu'il vaut mieux oublier. Face aux arguments d'autrui, le premier examen auquel il faut se livrer est donc celui de leur valeur. On verra ensuite s'il faut les réfuter ou non.

Les fausses évidences

Le rang

Dans certains sports, ce qui compte, c'est le rang d'arrivée. Dans les concours aussi. On fait donc souvent du rang une qualité en soi, même dans des domaines où son importance est faible ou nulle.

« Vous êtes déjà le 13e chimiste mondial, vous pouvez devenir le 5e. Vous faites quoi ? » La publicité affirme ensuite que l'entreprise aura ainsi « atteint la taille critique sur tous ses marchés. »[151] Elle se garde bien de dire en quoi consiste cette taille critique.

Or l'évaluation d'une entreprise est, ou devrait être, multidimensionnelle : importance des salaires versés, politique sociale, impôts payés, bénéfices versés aux actionnaires, contribution à la sauvegarde de l'environnement, etc. La taille peut être un moyen d'atteindre ces fins. Ce ne peut être un objectif en soi. Dans certains cas, le rang est une valeur, dans d'autres, non.

Le bon sens

Comme chacun sait, la science s'est construite contre le bon sens ou le sens commun. Il est de bon sens que c'est le soleil qui tourne autour de la terre et nous parlons encore de lever et de coucher de soleil. Ce que montrent souvent les enquêtes sociologiques ou les statistiques, c'est que leurs résultats vont à l'encontre du bon sens ou des idées reçues. Mais le bon sens a suffisamment de force en soi pour être utilisé comme argument.

Exemple. Le gouvernement ayant décidé d'imposer une visite technique aux véhicules de plus de cinq ans d'âge, un présentateur de la télévision se croit obligé de justifier cette mesure par l'argument de bon sens que cela va diminuer le nombre des accidents. Hélas ! « ... les fameuses "poubelles" de la route tuent moins que les GTI et autres turbo. En effet les causes mécaniques sont présentes dans moins de 10 % des accidents mortels, alors que la vitesse est imputable dans 40 % des cas et l'alcool dans 34 %. » [152]

Les arguments de bon sens sont presque toujours contestables. Trop souvent, hélas ! on ne dispose pas des données scientifiques ou statistiques qui permettraient cette contestation.

Le consensus

« C'est une opinion aussi ancienne que les siècles les plus reculés, et qui n'est pas moins reçue du Peuple Romain que des autres nations, qu'il y a une divination parmi les hommes ; c'est-à-dire un pressentiment et une connaissance des choses futures. Et si cela est, il faut avouer que la Nature humaine jouit par là d'un grand et noble avantage qui l'approche fort de la Nature Divine. » (Ciceron)[153] Ce n'est pas parce qu'une opinion est répandue qu'elle est vraie !

Ce n'est pas un hasard si…

« Ce n'est pas un hasard si deux des grandes psychanalyses de Freud s'intitulent "L'homme aux rats" et "L'homme aux loups" : on y voit faire en retour, en rêve, l'animal refoulé, le désir chassé de son corps. »[154]

Bien sûr, mais on pourrait en citer deux ou trois autres sans aucune référence aux animaux. Une chose est d'affirmer : ce n'est pas par hasard, une autre de <u>démontrer</u> en quoi ce n'est pas un hasard.

L'effet de bonne foi

À peu près ce que disait de Gaulle en 1958 : « Pourquoi voudriez-vous qu'à mon âge, j'attente aux libertés ? » Comme si l'âge faisait quelque chose à l'affaire ! Il n'est que de voir ce que Tacite dit de Tibère : « On vit dans ses mœurs, des vicissitudes pareilles, une vie et une réputation irréprochables, tant qu'il fut homme privé ou qu'il gouverna sous Auguste ; des vices adroits et secrets, des vertus apparentes pendant la vie de Germanicus et de Drusus ; un mélange de bien et de mal jusqu'à la mort de sa mère ; de l'atrocité dans ses barbaries, mais du mystère dans ses débauches, tant qu'il aima ou craignit Séjan ; et enfin un débordement général de crimes et d'infamies lorsque, libre de la honte et de la crainte, il ne montra plus que son caractère. » (Tacite)[155] Et Suétone à propos de Caligula : « Jusqu'ici, nous avons parlé d'un prince ; il nous reste à parler d'un monstre. » (Suétone)[156]

Très utilisé sur le mode : « Vous me connaissez » (sous-entendu : faites-moi confiance). C'est un argument sans aucune valeur intellectuelle, mais difficile à réfuter, car la réfutation apparaîtra comme une attaque *ad hominem*, c'est-à-dire visant la personne en tant que telle et non ses opinions ou ses actes.

Le faux équilibre

Sous le titre : « Les artilleurs français sont "nickel" », un pasteur protestant aux armées déclare : « La guerre n'est ni propre ni sale. » [157] On se doutait bien que la guerre n'était ni poussiéreuse ni tachée. Peut-être un peu coupante, comme le pensait sans doute la petite fille irakienne, victime d'un bombardement, à la jambe amputée, brièvement montrée à la télévision. Cependant, il faut bien qu'une porte soit ouverte ou fermée et que la guerre soit propre ou soit sale.

« Je suis fumeur. Vous êtes non-fumeurs. La liberté c'est réciproque. À chacun ses plaisirs. Pour nous, il y a celui de fumer. Plaisir que vous pouvez ne pas partager. Alors, parlons. D'accord pour que notre plaisir ne gêne pas le vôtre. Évitons les abus d'un côté comme de l'autre. Pour que la vie, ensemble, reste un plaisir. »

Cette publicité du Centre de Documentation et d'information sur le tabac, qui n'est qu'une émanation de la Fédération nationale des planteurs de tabac, joue sur un scandaleux équilibre. Fumeurs nous-mêmes, nous sommes bien conscients que nous, nous produisons de la fumée qui peut déranger. Ce qui n'est pas le cas du non-fumeur.

La pétition de principe

C'est tenir pour démontré et donc évident ce qui est discutable et serait justement à démontrer. Exemples :

- « À tout groupe, il faut un chef. »
- « Les affaires sont les affaires. »

Repose largement sur une espèce de sagesse (ou sottise) populaire, qui, dans certains milieux, peut être compliquée d'une extrême sophistication verbale sinon intellectuelle.

Souvent utilisée avec l'amalgame : « **On ne fait pas d'omelette sans casser des œufs** ». Ce qui est incontestable pour l'omelette. Mais pas obligatoirement pour le sujet dont on parle.

Prend fréquemment la forme de l'évidence ou de la déclaration péremptoire : « **On pouvait être sûr qu'il y aurait de la casse, parce que les banlieues et les faubourgs sont comme ça** » [158].

L'exagération

Les thuriféraires du Général de Gaulle ont soutenu qu'il y avait eu 1 000 000 de personnes pour la manifestation des Champs-Élysées en 1968. Chiffre absurde, car il n'y a pas eu défilé, mais occupation de la Place de la Concorde et des Champs-Élysées. Or l'une fait 360 m × 210 m, et l'autre 1910 × 70, soit 209 300 m². (*Le Monde*, 1/6/1968) Il faut un mètre carré minimum par manifestant. Il faut enlever la place tenue par les voitures en stationnement, la police, etc. soit au minimum 10 %. Il y eut donc au maximum 200 000 manifestants. C'était évidemment insuffisant pour la grandeur gaullienne.

« [...] la gravité des problèmes qu'entraînerait une abolition même partielle de la prohibition [de la drogue]. Celle-ci entraînerait immédiatement une forte augmentation du nombre de consommateurs. [...] Elles en viendraient à s'injecter ou à absorber des « cocktails » invraisemblables. [...] Alors que le nombre de consommateurs serait multiplié par 100 ou par 1000 [...]. » [159] Multiplié par mille, cela devrait faire la totalité de la population française, nourrissons et centenaires compris !

L'oubli des règles scientifiques

L'absence de références

La règle la plus élémentaire gouvernant tout argument est que les éléments avancés puissent être vérifiés, ce qui implique que l'on cite ses sources et que de façon générale l'on donne les références nécessaires.

Voici un exemple d'absence totale de références précises qui ne peut que laisser planer un doute sur le sérieux de ce qui est avancé :

« Découverte en Amérique. Une super molécule contre les rides.

Il a été annoncé au cours d'une conférence les résultats des tests effectués par le laboratoire AMA du New Jersey, sous la direction du professeur Gabriel Letizia, sur une nouvelle molécule originale qui semble capable d'agir très efficacement sur la peau pour réduire le nombre et la profondeur des rides. Une pommade cosmétique renfermant cette molécule a été appliquée pendant 30 jours sur 26 personnes de 45 à 60 ans. Résultat : diminution sensible de la profondeur et du nombre des rides sur la partie du visage traitée. » [160]

Le « semble » est là pour le cas où un procès… Mais aucune précision ni sur la molécule, ni sur l'expérience, ni sur les résultats. Et pour cause, c'est de la pub !

Autre exemple. Un journal titre : « La Tchécoslovaquie, voilà le danger ! »

Il va de soi qu'il est nécessaire de spécifier si ce titre est paru en page sportive ou en page politique. En l'occurrence, donner seulement le nom du journal et la date, comme nous le faisons habituellement dans cet ouvrage, serait tout à fait insuffisant. (Il s'agit de football !) L'absence de référence précise doit toujours faire penser à la possibilité d'une manipulation.

La corrélation comme causalité

C'est une erreur classique. Le fait que deux variables soient corrélées ne dit rien *a priori* sur une relation de cause à effet entre elles. La variable causale peut être une troisième variable, comme peut le montrer une analyse approfondie. On a ainsi démontré que c'étaient les cigognes qui apportaient les enfants en tablant sur une corrélation positive entre le nombre de cigognes et le nombre d'enfants dans les comtés des USA ! Tout simplement parce qu'il y a plus de cigognes à la campagne ! Et aussi plus d'enfants.

Mais dans l'esprit des non-spécialistes, corrélation et causalité sont à peu près du même ordre.

« Le fait est là : quand le prix du tabac baisse en valeur relative, la consommation augmente. » [161] Il y a certes corrélation. Y a-t-il relation causale ?

L'utilisation abusive de la tendance

« Les Français sont et resteront généreux, les chiffres le prouvent. » [162] Aucun chiffre ne « prouve » rien quant au futur. Les Français resteront généreux jusqu'à ce qu'ils changent !

« LA TENDANCE GÉNÉRALE EST À LA RÉVOLUTION » « Cette loi est la loi scientifique de notre époque. Avec une très grande insistance, le Président Mao nous le rappelle. Nous, révolutionnaires prolétariens, voyons dans cette déclaration un immense encouragement. » [163] Suivent quelques lignes de langue de bois. On sait que dans la mentalité primitive, les démentis renforcent les croyances !

L'utilisation abusive du futur

Comme chacun sait, il n'appartient qu'à Dieu, c'est-à-dire à personne. Mais le fait qu'il n'appartient à personne permet de se l'approprier à celui qui en a l'audace.

> « En l'an 2010, dans vingt ans,
> les " chevrons sauvages ", le " contrat de confiance ",
> le " je positive ", le " ticket choc ", le " un verre ça va ",
> le " demain j'enlève le bas " et bien d'autres
> seront considérés comme des chefs-d'œuvre. » [164]

Cette publicité joue sur un phénomène évident qui est qu'en l'an 2010, tout le monde l'aura oubliée. Et qui peut décider actuellement ce qui sera considéré comme chef-d'œuvre dans 20 ans ?

Les fautes de logique

Prouver autre chose que ce qui est en question

« La paix n'est pas un absolu biologique, déclarent les écrivains croyants d'expression française. » [165] On s'en doutait un peu, la Nature ou Dieu, dans son infinie sagesse, ayant cru bon de créer des animaux carnassiers, qui ne peuvent survivre qu'au prix de meurtres quotidiens. On se doute aussi, jusqu'à plus ample informé, que la paix n'est pas un absolu physique, ni même mathématique. Mais on pouvait espérer que la paix pourrait être un impératif moral. On ne voit pas en quoi le fait d'être croyant ni même écrivain donne la moindre compétence en biologie, ni d'ailleurs en morale. Mais mettre le débat sur la plan biologique permet justement d'éviter le débat.

Nombre de rasoirs électriques fondent une publicité sur l'argument que même si vous êtes déjà rasé, le rasoir X est capable de vous raser d'encore plus près. Or on sait que le problème de tels rasoirs est qu'ils coupent fort mal les poils longs, s'ils n'ont aucune difficulté avec les poils courts. On s'étend donc sur ce qui est facile pour n'avoir pas à parler de ce qui est difficile.

Parler à côté de la question n'est pas seulement une marque de manque de logique. Dans nombre de cas, il s'agit de manipulation.

Mettre à la charge d'un élément ce qui devrait être
à la charge d'un autre

« Aussi longtemps que la guerre sévira en Afghanistan [...]
on voit mal en effet les moyens qu'auraient les talibans de
convaincre les fermiers d'arrêter d'empoisonner l'Occident. »
[en produisant de l'opium.] Ce sont les Occidentaux qui s'empoi-
sonnent avec une drogue que personne ne les oblige à acheter.
Mais dès qu'il y a des acheteurs, il y a des producteurs. C'est la loi
du marché. La responsabilité est chez les drogués et le système
social qui les produit. [166]

Un ministre de la Justice veut faire passer un projet durcissant
les lois sur la presse et concernant particulièrement les photos
publiées dans les journaux. Il serait désormais interdit de montrer
un inculpé menotté, puisqu'il est présumé innocent. « Dans le
cas des individus menottés, le véritable problème est plus celui
du comportement de la police ou de la gendarmerie, qui choisit
d'entraver systématiquement les personnes interpellées, que
de l'attitude de la presse [...] On peut même soutenir que la
publication de telles images est aussi une façon de dénoncer les
abus... » [167] Le journaliste a parfaitement raison, mais chacun sait
que le coupable de lèse-majesté est celui qui dit que le roi est nu
lorsqu'il l'est réellement.

Faire d'un défaut une qualité

C'est un des travers de la publicité.

« Tout corps froid au contact d'un pull Lacoste ne l'est jamais
très longtemps. »

C'est exactement l'inverse qui devrait se produire. Si le corps
froid ne le reste pas, c'est que le pull est bon conducteur de la
chaleur. S'il est bon conducteur de la chaleur, il ne tiendra pas
chaud, puisqu'il dissipera la chaleur corporelle. À quoi bon, alors,
mettre un pull-over.

Élargir indûment un champ d'application

Au début de la guerre « du Golfe » de 1991, un certain nombre de Français se précipitèrent dans les armureries pour s'armer contre dieu sait quelle menace. Le gouvernement réagit par quelques interdictions et quelques journalistes par l'ironie, ce qui ne plut pas à tous, comme en témoigne cette lettre de lecteur : « Que les citoyens d'une nation ayant subi, durant quatre ans, le poids de la barbarie nazie, prennent devant les armes, un air de vierge effarouchée me stupéfie toujours. Le premier de nos droits abolis par les Allemands fut précisément celui de conserver une arme. Les nazis ou leur équivalence ne seront plus jamais les maîtres ? Qu'en savez-vous ? Supposez que ceux-là soient un jour au pouvoir. Que ferez-vous s'ils venaient frapper à votre porte ? Vous laisseriez-vous arrêter tranquillement dans l'attente d'un nécessaire retournement de l'histoire ? »[168]

Ce Monsieur n'a pas du être arrêté souvent, sinon il demanderait la vente libre des canons antichars. La force de cette argumentation, qui n'est guère raisonnable, tient à la saisie de signifiants dominants : nazisme, arrestation, résistance. On en voit l'exagération, mais elle est difficile à contester.

Comparer ce qui n'est pas comparable

À propos d'une manifestation dans un très petit pays :

« …entre 100 000 et 150 000 personnes – ce qui représente 1 à 1,5 million à l'échelle de la France… »[169] L'auteur ne compare que les populations totales des pays sans tenir compte de la géographie et donc des distances. Et il est évidemment plus facile de réunir une telle foule en Belgique qu'en Australie ou au Canada.

« Les guerres d'aujourd'hui sont moins meurtrières que celles d'autrefois. Certes la guerre moderne est effrayante et redoutable, mais, encore ne faut-il pas croire qu'elle soit plus meurtrière que celles d'autrefois. […] La proportion des morts était, pendant une heure de combat sous Frédéric le Grand de 6%, sous Napoléon de 3%, de 2% en 1870, en 1903 durant la guerre de Mandchourie de 0,5%. » [170] Effectivement, un rapide calcul approximatif montre qu'il n'y eut qu'une soixantaine de tués français par heure durant la guerre de 14-18. Le total est quand même de 2 000 000 (environ). L'auteur oublie ou ne sait pas qu'une bataille sous Napoléon ne durait que quelques heures. En 14-18, la bataille fut presque continue durant 4 ans. On peut d'ailleurs faire un autre calcul. L'armée française avait environ 2 millions d'hommes sous les drapeaux. Il y eut environ 2 millions de tués. On peut donc considérer qu'il y eut 100% de tués! Autrement dit, avec des approximations, on peut avancer n'importe quoi.

« À une époque où quelques milliers de personnes traversant journellement l'Atlantique, subissant sans inconvénients autres que passagers des décalages de six à sept heures [...], la position des opposants à l'heure d'été paraît quelque peu risible [...] Les enfants s'adaptent très vite et très bien. » [171] Effectivement, à l'heure où les adultes se nourrissent de biftecks, on ne voit pas pourquoi on s'obstine à nourrir les enfants au biberon! Les enfants s'adapteraient vite et bien.

Que pensez-vous de la réfutation ci-dessus? Eh! bien elle souffre du même défaut que l'argument que nous voulions réfuter. Ce n'est pas vraiment comparable.

La justification par le faux bon sens

« Le maître, a-t-on dit, ayant plus de fortune et aussi en général plus d'éducation que le domestique ou l'ouvrier, il sera donc doublement moins enclin à trahir la vérité pour un intérêt modique. » [172] Pour justifier que le maître est cru sur parole devant un tribunal en cas de différend avec un domestique.

Se situer résolument hors logique

« TOYOTA YARIS. ELLE DÉFIE TOUTE LOGIQUE YARIS.
PLUS GRANDE À L'INTÉRIEUR QU'À L'EXTÉRIEUR »

On ne saurait mieux dire !

« Rasoir 3 lames. Moins de passages. Moins d'irritation » Chaque lame passant une fois et le rasoir ayant trois lames, il y a 3 passages. Exactement comme si une lame passait 3 fois. Ou alors, c'est que 3×1 n'égale pas 1×3. Ce qui serait une nouveauté intéressante !

Inverser le sujet

Cette inversion présente un double aspect. Soit l'entreprise est donnée comme sujet alors que ce devrait être le client. Soit le client est donné comme sujet alors que c'est l'entreprise qui devrait l'être.

« Au Crédit Agricole, votre épargne a de l'imagination ». L'épargne n'est pas dotée d'imagination. La banque peut-être. Encore faudrait-il le démontrer et non l'affirmer.

Inverser les facteurs

« Parures de ville et parures d'Amazonie... Comme toutes les créations de Louis Vuitton, les objets de cuir Epi sont empreints de la magie des grands voyages. Ils renouvellent, en la respectant, la tradition du cuir et témoignent de la haute exigence de la Maison qui, depuis 1854, donne ses lettres de noblesse au voyage. »

Est-ce vraiment le bagage que l'on emporte qui fait « la noblesse » du voyage que l'on effectue ? Aller à Pantin avec un bagage Louis Vuitton est-il plus noble que de parcourir le Tibet avec une valise en carton ?

Faire allusion à un phénomène complexe sans lui donner de sens.

« Pour les soldes à Londres, profitez de la complicité du serpent monétaire. » La livre vient d'être dévaluée, ce qui n'a pas grand-chose à voir avec le « serpent monétaire ». Des achats sont peut-être intéressants à Londres, sauf si les prix ont augmenté, ce qui se produit fréquemment après une dévaluation. De toute façon, aucun chiffre, aucune preuve et le jeu sur un phénomène mal connu du grand public, mais qui n'osera pas l'avouer !

Glisser d'un domaine à un autre

> « Bien entouré, votre conduite est différente.
> Le silence, la beauté du bois,
> la finesse du cuir transforment la route
> en tapis d'asphalte » [173]

S'il s'agissait de la suspension, on voudrait bien croire qu'elle peut transformer n'importe quelle route en tapis d'asphalte. Quant au cuir et au bois !

L'usage abusif de l'autorité

L'argument d'autorité

> *« Et jamais l'erreur n'est admise plus facilement que quand*
> *une fausseté est garantie par une autorité de poids. »*
> PLINE L'ANCIEN, *Histoire Naturelle, V, 12.*

C'est un type d'argument qui a toujours été aussi contesté [174] qu'utilisé. L'argument d'autorité le plus classique consiste à s'abriter derrière une autorité ou mieux des autorités.

« Nous avons rappelé hier le texte d'un tout récent message papal d'où nous extrayons à nouveau le passage suivant : "Dans un torrent irrésistible, le continuel progrès technique provoque de gigantesques mouvements devant lesquels le système fondé sur la propriété privée des individus DOIT INÉVITABLEMENT S'EFFONDRER". Nous avons évoqué d'autres citations empruntées à des écrivains, des littérateurs éminents [...] » [175] Les communistes s'abritant derrière l'autorité du pape ! C'était l'époque de la main tendue, mais quand même ! C'est évidemment le procédé classique des charlatans, qui les dispense de preuves : « Telle fut toujours l'opinion du sage Joseph, du philosophe Euripide, du savant Apomazar, d'Anselme Julien, d'Artémidore, et de tant d'autres auteurs arabes, grecs, égyptiens et persans, qui ont blanchi sur cette matière. Le Traité que voici est le fruit de longues méditations sur les ouvrages de ces hommes immortels ; les numéros adaptés à chaque rêve sont extraits d'une nouvelle cabale composée d'après Ozanam, Cagliostro, Ricetti... » [176]

L'argument d'autorité peut aussi prendre simplement la forme d'un ton péremptoire et d'une affirmation définitive sous la plume d'une « autorité » :

« Rendons à César ce qui est à César et à Dieu ce qui est à Dieu. » [177]

« Voici ce que dit le Seigneur [...] Je suis le Seigneur, et il n'y en a point d'autre : il n'y a point de Dieu que moi. » (Matthieu) [178]

« D'une manière étrange, l'histoire donne à la fois raison à Hegel, à Marx et à Nietzche. » [179] Il est bien connu que trois c'est le tout, puisque un, c'est le masculin, deux le féminin, et trois la trinité, le tout. Chez les aborigènes d'Australie, on appelle cela de la pensée magique. Chez un intellectuel...

Plus rare. « Selon Jean d'Ormesson, François Mitterrand s'inquiétait de *l'influence du lobby juif* » titre le journal *Le Monde*. Suit une lettre de la fille de M. Mitterrand, qui défend bien sûr la mémoire de papa. « C'est assise à la table où mon père avait l'habitude de travailler [...] ». Elle n'est pas tout à fait médium, mais...

Faire parler les morts

Les morts n'étant plus là pour vous contredire, il est tentant de s'abriter derrière leur autorité. « C'est pourquoi Simone de Beauvoir, parions-le, aurait approuvé la parité. » [entre hommes et femmes, sur la plan politique. NDLR.] [180] Mme de Beauvoir était une femme intelligente et autonome et Dieu sait ce qu'elle aurait dit. L'auteur de cette phrase sent bien qu'elle fait parler les morts. Aussi croit-elle se dédouaner en ajoutant « parions-le », ce qui est une seconde erreur. En effet, parier que tel numéro va sortir, à la roulette par exemple, consiste à dire : je pense que tel numéro va sortir. Mais seule l'épreuve de réalité, c'est-à-dire le fait que la boule va bien se loger dans ce numéro, dit si vous aviez tort ou raison. Parier, ici, supposerait que l'on prétende que Mme de Beauvoir soutient telle position et qu'ensuite, Mme de Beauvoir sorte de sa tombe et dise si vous avez tort ou raison.

La référence allusive

Elle joue sur une connivence avec le lecteur, qui reconnaîtra l'allusion et donc se trouvera intelligent et cultivé. Dans le meilleur des cas, elle précise effectivement le sens d'un mot pour un public initié. Mais elle est aussi un argument d'autorité, l'allusion étant le plus souvent à un auteur prestigieux.

« ... dans cette brève aventure, A. est sujet au sens où Marx dit du prolétariat qu'il est sujet de l'histoire. » (J.-P. Sartre) [181]

« Ce pas en trop eût été l'effondrement symbolique du Royaume-Uni ; la fin d'une légitimité dynastique ; et plus profondément, la victoire de la loi du cœur sur la loi tout court, de l'horizontale sur le vertical, et de l'Indice sur le Symbole (Signe collant à la chose même, comme la photo, sur le signe coupé de la chose, comme le mot pour reprendre les catégories de Pierce.) » [182]. On notera la profonde opposition entre vertical au masculin et horizontale au féminin ! La référence à Pierce, pour faire savant, relève de l'argument d'autorité, le reste du charabia.

Il est évident que...

Commencer une démonstration par : il est évident, est une forme de l'argument d'autorité. On n'a pas à donner une démonstration pour tenir pour vrai ce qui est évident. Il est évident que le cercle est rond. Le plus souvent cette évidence demanderait justement une forte démonstration.

« Il est constant que tous les livres sacrés des Chrétiens ont été composés sous l'inspiration de Dieu, et qu'ainsi ils ne contiennent que la vérité même. » (J.H. Janssens) [183] Plus récent : « Il est évident que la hiérarchie a toujours exercé une certaine fonction pédagogique. » [184] Le « toujours » est de trop. On pourrait tout aussi bien dire : il est évident que la hiérarchie a toujours manifesté beaucoup de réticences à exercer une fonction pédagogique, sachant parfaitement que l'information et la connaissance représentent du pouvoir.

Jeu sur l'évidence particulièrement subtil : « Pas de paysans, pas de paysage, pas de pays... Qui dirait le contraire ? C'est le bon sens même, le bon sens paysan .» [185] Le jeu de mots est joli, mais l'idée est radicalement fausse. Elle est surtout coûteuse !

L'amalgame

C'est faire croire que deux choses sont du même ordre alors qu'elles ne le sont pas. Souvent, cet ordre existe mais est d'un autre niveau. C'est le classique : additionner des choux et des carottes, sous le prétexte que ce sont des légumes. Un usage courant de l'amalgame en politique consiste à dénigrer les idées politiques de quelqu'un en dénigrant sa vie privée. En publicité, on fera croire qu'un objet a de la valeur parce qu'il est coûteux (un produit est de luxe, selon la norme du Comité Colbert, quand il est le plus cher dans sa catégorie pendant 5 ans au moins [186]) ou qu'un produit est désirable parce qu'il est présenté par une jeune femme désirable.

L'amalgame est très facile sur le plan verbal. On pourra ainsi mettre dans « le même sac » des objets assez différents, comme dans l'exemple suivant : « **Un discours fou, fasciste (...). On y trouvait pêle-mêle tous ses ingrédients : anti-américanisme, haine de l'argent, hygiénisme européen, ébauche d'antisémitisme...** » [187]. Certes, chacun peut définir le fascisme à sa façon et d'ailleurs tout n'est-il pas dans tout et réciproquement...

Un autre exemple nous sera fourni par une affiche vue dans le métro. Celle-ci titre : « **Non à la torture et à la vivisection** » et montre côte à côte deux photos. Sur l'une, un homme de race noire (comme chacun sait, on ne torture pas en Europe !) au visage tuméfié et avec un vague pansement sur un moignon de bras. Sur l'autre un chien en cage. L'amalgame consiste à mettre sur le même plan la torture humaine et la vivisection animale.

Autre exemple : Après les manifestations lycéennes de novembre 1990, un juge chargé de condamner quelques « casseurs » leur ajoute une infraction : « **Vous avez volé leur manifestation aux lycéens.** » [188] Cet amalgame entre des vols de fripes et un vol « moral » est admirable.

Une variété simple de l'amalgame est la pure énumération. Celle-ci (un, deux, trois, quatre ; a, b, c, d) laisse le plus souvent entendre que les choses énumérées ont un lien. On a d'ailleurs, *a contrario*, tiré des effets comiques d'énumérations d'objets n'ayant aucun rapport entre eux. Voici un exemple, dont l'effet est également comique, mais qui en dit long sur une certaine conception de l'ordre social : « ... sur les écoliers de quinze "écoles en haillon"... 162 avouent avoir été en prison ... 253 vivent dans la mendicité, 249 n'ont jamais dormi dans un lit, 280 n'ont pas de chapeau... » (F. Barret-Ducrocq) [189] On se demande ce qui est le plus grave !

Bien que l'amalgame soit le plus souvent voulu, on peut également faire état d'amalgames involontaires. C'est alors le lecteur qui prend pour amalgame une série, qui, dans l'esprit de l'auteur, rassemble des éléments qui sont bien du même ordre. « C'est d'abord une crise de la culture : perte de légitimité des autorités, crise de la fidélité dans les engagements, remise en cause des absolus, pluralisme qui mène au relativisme, sécularisme qui banalise (parfois qui ridiculise) la dimension transcendantale de l'existence. Toutes ces tendances qui affectent la culture moderne touchent donc ainsi la foi. ». [190] Chacun, en fonction de ses convictions, sera d'accord ou pensera qu'il s'agit d'un curieux amalgame.

Les jeux sur les mots

« La mobilisation n'est pas la guerre. » [191]

Beaucoup d'arguments ne sont que des « paroles verbales » comme dit *Le Canard Enchaîné*, c'est-à-dire que les mots utilisés ne recouvrent aucune réalité. On devra donc toujours se demander ce que recouvre le vocabulaire de l'adversaire. Dans nombre de cas, cependant, il serait long et fastidieux de démonter le discours de l'autre pour en démontrer l'inanité, et il sera plus efficace, bien que moins honnête, de répondre par un discours tout aussi vide de sens, possibilité que nous examinerons un peu plus loin.

L'utilisation d'un vocabulaire pompeux

« Benedetti intervint ensuite pour développer deux points qu'il déclara essentiels, à savoir *primo*, qu'à son humble avis il s'agissait d'adopter un programme d'action plutôt qu'un plan d'action, parfaitement un programme, la nuance était, croyait-il capitale, du moins il l'estimait telle ; et *secundo* que le programme d'action devait être conçu comme projet spécifique, il ne craignait pas de le dire, spécifique. » (A. Cohen) [192]. Le romancier, ancien fonctionnaire de la Société des Nations, se moque de ces commissions dont les programmes tentent de masquer leur indigence par un vocabulaire emphatique.

L'utilisation d'un vocabulaire « collatéral »

Nous prenons collatéral au sens (abusif) qu'il a pris dans certaines déclarations de responsables militaires, particulièrement lors de la guerre du Golfe, pour désigner les dommages nécessaires mais non obligés, tels que la mort de civils, lors d'opérations militaires. « À noter la cynique escroquerie de l'expression dommages collatéraux (sic) pour (ne pas) désigner les victimes autour des cibles. » [193] En d'autres temps ou dans d'autres contextes, cela s'appelle des bavures. Dans d'autres, des crimes. Le procédé consiste à donner une autre nature, généralement plus acceptable, à des actes, des opérations, en utilisant un vocabulaire lénifiant ou à côté de la question, « collatéral » en un mot.

« C'est bien là une des fonction assignées au langage réquisitionné : gommer, diluer la responsabilité des coups portés, donner à ces derniers un air bénin. Tel était le rôle du verbe "traiter", mis pour "bombarder" ». [194] Un journaliste va jusqu'à parler « d'effets pervers collectifs » pour désigner d'éventuelles protestations des citoyens des pays de la coalition menée par les américains si le nombre de tués devenait important. Il se pourrait bien, de fait, que l'usage effectif de la démocratie soit un « effet pervers collectif ». Tout cela est bien connu des français qui ont vécu « la pacification » en Algérie. Il ne s'agit pas ici de litote, mais bel et bien de propagande et d'intoxication.

La contamination

« Ceux qui sont affligés par ce problème (rien qu'en France, ils sont légion) pourront retrouver le sourire maintenant qu'arrive des Laboratoires d'une société de Bâle (Cosprophar Labo), siège reconnu des plus grands colosses de la chimie, la nouvelle d'une préparation cosmétique... » [195]

Remarquons les « grands colosses » à la limite du ridicule. Dans cette pub d'où est absente toute référence scientifique, on joue sur la contamination : Bâle, capitale de la chimie / importance du labo en question / sérieux du produit proposé. Paris sert ainsi souvent, en province, d'argument pour vanter un produit ou un individu, dont le seul mérite est de venir de la capitale.

L'utilisation de la mise en page

C'est un procédé utilisé par certains journaux qui, en rassemblant sur la même page, ou parfois dans le même journal, un certain nombre d'informations, dont chacune, en soi, n'a pas une importance capitale, font passer un message global qu'aucune des informations ne contient à elle seule. Nous en prendrons comme exemple le journal *Le Matin* du 5 août 1914. L'Autriche se bat contre la Serbie, notre alliée. L'Allemagne vient d'envahir la Belgique, notre alliée. L'Angleterre, garante de la Belgique, vient de déclarer la guerre à l'Allemagne et se trouve donc notre alliée. Italie et Espagne restent neutres. L'attaque de la Belgique met la France dans une situation difficile, car cela double à peu près la longueur de la frontière à défendre. Les troupes anglaises ne peuvent être là avant quelques mois. En quelques semaines, la Belgique sera complètement envahie et une part notable du territoire français aussi. En bas de la page figure la carte suivante :

« L'EUROPE EN 1914

L'encerclement de la Germanie (Allemagne et Autriche-Hongrie) par les peuples neutres ou hostiles que ses perfidies ont lassé. »

Cette carte, qui met fort malhonnêtement dans le même camp des alliés et des neutres, donne effectivement le sentiment que l'Allemagne et l'Autriche-Hongrie sont isolées et encerclées. Le message global est : nous allons (nous sommes en train de) gagner la guerre, alors que dans les mois suivants, on n'enregistrera guère que des revers français. Ceci est assez exemplaire de la propagande utilisée lors de la guerre de 1914-1918. Ce qui est intéressant dans le procédé, c'est qu'aucun des éléments utilisés n'est radicalement faux, encore que contestable. Chacun est au service d'un message qui, lui, est un mensonge.

Dire

« Il n'y a personne , par exemple qui ne sache que ses artères battent ; que le fer étant proche de l'aimant s'y va joindre ; que le séné purge, et que le pavot endort. Ceux qui ne font point profession de science, et à qui l'ignorance n'est pas honteuse, avouent franchement qu'ils connaissent ces effets ; mais qu'ils n'en savent pas la cause, au lieu que les savants, qui rougiraient d'en dire autant, s'en tirent d'une autre manière, et prétendent qu'ils ont découvert la vraie cause de ces effets, qui est qu'il y a dans les artères une vertu pulsifique ; dans l'aimant une vertu magnétique ; dans le séné une vertu purgative, et dans le pavot une vertu soporifique. Voilà qui est fort commodément résolu, et il n'y a point de Chinois qui n'eût pu se tirer de l'admiration où on en était des horloges en ce pays-là. Car il n'aurait eu qu'à dire qu'il connaissait parfaitement la raison de ce que les autres trouvaient si merveilleux, et que ce n'était autre chose sinon qu'il y avait dans cette machine une vertu indicatrice qui marquait les heures sur le cadran, et une vertu sonorifique qui les faisait sonner. » (Arnaud et Nicolle) [196]

Molière a popularisé cette critique dans *Le Malade Imaginaire*. Il ne faudrait pas croire que cette façon de faire soit abandonnée.

Dans une de ses nouvelles, J.L. Borgès met en scène un auteur, P. Ménard, qui « ne voulait pas composer un autre Quichotte – ce qui est facile – mais le Quichotte ». Il donne ensuite une partie de ce résultat et compare un passage du Quichotte de Cervantès à un passage de Ménard. Voici le texte de Cervantès : « … la vérité, dont la mère est l'histoire, émule du temps, dépôt des actions, témoin du passé, exemple et connaissance du présent, enseignement de l'avenir. » Borgès note : « Rédigée au XVIIe siècle… cette énumération est un simple éloge de rhéteur de l'histoire. Ménard écrit en revanche : … la vérité, dont la mère est l'histoire, émule du temps, dépôt des actions, témoin du passé, exemple et connaissance du présent, enseignement de l'avenir. L'histoire, mère de la vérité ; l'idée est stupéfiante. Ménard contemporain de William James, ne définit pas l'histoire comme une recherche de la vérité, mais comme son origine. »

Cette nouvelle de Borgès est très complexe. Au risque de la simplifier abusivement, on voit qu'une partie du procédé consiste à dire d'une phrase qu'elle est banale et d'une autre (exactement la même en occurrence) qu'elle est géniale, sans guère plus de justification. Il s'agit, poussé ici au paroxysme, d'une pratique fréquente qui consiste à simplement qualifier…

Autres exemples :

« Michel Rocard réaffirme qu'il n'acceptera pas un dérapage de la consommation. » [197]

« Mme Thatcher s'inquiète du dérapage des salaires. » [198] Ici le dérapage est une hausse.

« Londres : Dérapage -3,3 % ». [199] Ici, le dérapage est une baisse, mais, on l'a compris, il s'agit de la Bourse !

« La France détient le triste record d'avoir, après la Grèce et le Portugal, les médicaments les meilleur marché du monde. » [200]

On n'ose pas trop dire que les salaires doivent être bas et les profits élevés. On l'insinue par des adjectifs ou des images aux connotations négatives. « Un rapport met en garde contre les effets pervers de la hausse du SMIC. » [201]

« De nombreux ordres médicaux sont infiltrés par des médecins abstinents. (…) Il y a aussi dans ces groupes antialcooliques des militants bénévoles, des conseillers de toutes sortes dont la largeur d'esprit est inversement proportionnelle à la longueur des cheveux. » [202] C'est la première phrase qui est intéressante. *Infiltré* a une connotation négative, c'est un mot employé pour les espions, les traîtres… Quant à *abstinents*, il réussit à faire passer pour défaut la qualité de ne pas boire d'alcool !

L'interrogation rhétorique

Poser une question, c'est bien souvent éviter de donner une réponse. Cette réponse est parfois sous-entendue. Elle est parfois à la charge du lecteur ou de l'auditeur qui choisira celle qui lui plaît. « Où passe la frontière entre une secte et une religion ? » [203] Puisqu'il y a question, c'est que la question se pose et donc que cette frontière n'est pas évidente. Mais rien n'est affirmé.

L'interrogation rhétorique calomnieuse

La calomnie[204] peut prendre plusieurs formes. Ses formes outrancières sont généralement réservées aux (mauvais) débats politiques. Une forme plus subtile consiste à poser une question à laquelle on répond négativement, mais c'est le souvenir de l'interrogation qui reste.

Si j'écris « Mireille Mathieu a-t-elle douze enfants ? », il ne me sera pas trop difficile de démontrer que non. Mais il restera associé dans l'esprit du public, Mireille Mathieu et un truc un peu bizarre. Cela est fort utilisé dans les titres accrocheurs de certains journaux. Et bien des campagnes de presse n'ont pas d'autre fondement.

L'exemple que nous avons donné précédemment était excessif. En voici un autre, quelque peu plus subtil. Il s'agit d'un extrait d'un article nécrologique sur le juge H. Pascal dit « le petit juge » : « Vite surnommé le "petit juge" **moins en raison de sa courte et ronde silhouette** (NDA : technique de l'amalgame : ridiculiser l'homme pour ridiculiser ses idées !) **que de son opposition frontale** (NDA : remarquez l'adjectif qui donne le sentiment d'une opposition un peu stupide, comme celle d'un animal à cornes) avec le monde des notables, avec le patronat des Houillères du Nord, dont M. Leroy était le notaire, Henri Pascal crut-il voir là "l'affaire de sa vie", lui qui n'avait eu jusqu'ici, la cinquantaine atteinte, qu'une modeste carrière, loin de son Midi natal ? Toujours est-il qu'il multiplie peut-être plus... »[205]

On voit que le procédé consiste à lancer une interrogation à laquelle on ne répond pas. Le « Toujours est-il... » est remarquable !

On peut aussi poser une question à laquelle on ne répond pas : « **L'affaire concernerait-elle d'autres personnalités plus haut placées dans la hiérarchie de l'État ?** »[206] À propos d'une des innombrables affaires corses.

Le discours vide

C'est celui qui n'apporte aucune information. « Il est bon même qu'il ne dise rien du tout, c'est le vrai moyen de lui faire dire tout ce qu'on veut. » (Swift)[207]. D'une autre façon c'est le discours où chacun entend ce qu'il veut entendre. Un bon exemple est celui de l'Esprit-Saint lors de la Pentecôte, que chacun entend « dans sa langue »[208], ce qui veut dire aussi à sa façon. Ce n'est pas pour rien qu'il n'est consigné nulle part.

En voici un autre exemple, la solution apportée par Pantagruel à un procès si compliqué que la Sorbonne n'avait pu le résoudre en dix ans de travail acharné. « Vu, entendu et lu le différend d'entre les seigneurs de Baisecul et de Humevesne, la cour leur dit que, considéré comme l'horripilation de la ratepenade déclinant bravement du solstice estival pour mugueter les billevisées qui ont eu mat du pyon par les males vexations des lucifuges nycticoraces, qui sont inquilinées au climat diarhomes d'un matagot à cheval bandant une arbalète aux reins, le demandeur eut juste cause de calafater le gallion que la bonne femme boursouflait un pied chaussé et l'autre nu... » (Rabelais)[209] Nous n'avons recopié que le tiers du jugement, jugement qui satisfera les deux parties et fera s'écrier d'admiration les docteurs en Sorbonne. Il va de soi que transcrit en français moderne, ce discours est tout aussi vide de sens qu'en ancien français.

Un autre exemple est celui de la fameuse phrase :

« Algériens, je vous ai compris. »[210] Chaque Français comprit à sa façon ce que de Gaulle avait compris et de façon parfaitement contradictoire.

C'est aussi d'une certaine façon le procédé poétique qui, par des images, des jeux sur les mots, sur les sonorités de ces mots, par les allusions auxquelles ils renvoient, dit à chacun quelque chose qu'il entend à travers son expérience affective et donc de très personnel. On le retrouve fréquemment lorsqu'il s'agit de transmettre la description de l'indescriptible : « E.P. expose chez B. de grandes toiles étranges, fascinantes où sur des surfaces inquiètes, indécises, somptueuses, travaillées comme des fonds de fresque, s'inscrivent des lignes primaires ou premières qui renvoient à l'être profond du sens, à ce qui, dans la peinture, est source vive, toujours jaillissante. » [211] C'est bien écrit mais cela pourrait s'appliquer à des centaines de peintres, pardon, de plasticiens.

Le discours vide a un avantage considérable, il est indiscutable puisqu'il n'y a rien à discuter !

Chapitre 10

Bâtissez
votre contre-argumentation

Une fois que vous avez bien situé votre interlocuteur et que vous avez bien repéré tous les défauts de son argumentation et tous ses faux arguments, vous pouvez passer à l'action et construire votre contre-argumentation. Deux voies s'offrent à vous, soit d'argumenter à partir des arguments d'autrui, soit carrément d'argumenter sans tenir compte des arguments qu'il avait avancés.

Contre-argumentez à partir des arguments d'autrui

Une fois repérés dans le discours d'autrui, des arguments contestables sur le plan intellectuel ou moral, une seconde question se pose : doit-on en faire état ?

Pour répondre, il faut examiner au moins quelques points : la valeur affective de tels arguments, l'autorité de celui qui emploie ces arguments, le risque que l'on prend à les contester. Nous l'avons dit, nombre de faux arguments intellectuels sont efficaces parce qu'ils touchent l'affectivité des auditeurs et des lecteurs. Montrer leur faiblesse ne modifiera guère les convictions établies. De plus, les reprendre pour les contester risque, par ce seul rappel, de les fortifier dans l'esprit du public. Par ailleurs, si la personne qui emploie ces arguments bénéficie d'une autorité sociale reconnue – homme politique, membre d'une société savante, autorité religieuse, etc. –, la critique de la qualité de l'argumentation apparaîtra comme de mauvaise foi, l'autorité sociale faisant accepter de mauvais arguments en fonction de l'usage implicite de l'argument d'autorité. La contestation sera donc peu efficace.

Enfin, démontrer que les arguments utilisés n'en sont pas sera pris par celui que vous contredisez et éventuellement le public comme une attaque insupportable mettant en cause ou les moyens intellectuels ou l'honnêteté ou les deux, de celui qui les a employés. À éviter devant des supérieurs hiérarchiques ! Pour beaucoup, réfuter est pris comme une déclaration de guerre.

On peut cependant tenter quelques réfutations visant directement l'argumentation d'autrui.

Retourner l'argument

« Les citoyens doivent respecter ceux qu'ils ont élus pour les diriger . »[212] Cette phrase contient trois éléments discutables. Le premier tient dans le « doivent ». Ce devoir est utilisé en tant qu'argument d'autorité comme dans « les enfants doivent apprendre leurs leçons » ou « les femmes doivent obéissance à leurs maris ». On n'indique absolument pas qui a défini ce devoir. Le second tient à « ceux qu'ils ont élus ». Si vous votez pour quelqu'un qui n'est pas élu, vous n'avez peut-être pas un grand respect personnel pour son adversaire même élu. Le troisième tient à « pour les diriger ». On peut élire un député pour qu'il mène momentanément et par délégation les affaires du pays et pas nécessairement pour être « dirigé » par lui.

Voilà donc un argument qui repose sur trois pseudo-évidences contestables.

Mais on voit bien que le contester pas à pas n'aura qu'une faible efficacité. Il sera beaucoup plus efficace de le retourner en quelque chose de ce genre : « Vous dites que les citoyens doivent respecter leurs élus. Certes ! Mais ne fautil pas d'abord que les élus soient respectables et … »

Publicité télévisée :

Ma facture c'est du chinois, j'en perds mon latin.
J'appelle EDF, on se parle, on se comprend.
Et je comprends ma facture, sourire compris.

susurrent deux péronnelles juchées sur des chaises d'arbitre surplombant ce qui doit être un court de tennis. Nous n'avons pas été les seuls à sursauter. « On surprendra certainement beaucoup les services commerciaux d'EDF en leur disant qu'il est injustifiable qu'une facture, pour le client, soit incompréhensible. Qu'une entreprise qui oblige son client à lui téléphoner pour se faire expliquer sa facturation est une entreprise qui témoigne de sa désinvolture, due sans doute à sa position de monopole […] EDF s'offre en fait à nos dépens une autocélébration de son système de non-communication. »[213]

L'esprit libre
RATP

Surtout lors des grèves !

Garder la structure logique de l'argumentation en modifiant le contenu

« Coupe Davis : le match France Israël aura lieu à Rennes. Les Israéliens avaient exprimé le désir que les matchs ne se jouent pas à Marseille, en raison de la trop grande concentration de population arabe dans la cité phocéenne. »[214]

La réfutation est aisée : imaginons qu'un pays du Maghreb refuse de jouer à Paris en raison de la trop grand densité de population juive autour des arènes de Lutèce.

Tirer les conséquences

Le cardinal Decourtray dit « préférer la guerre au déshonneur. » [215] Haute autorité religieuse et donc morale pour certains. Argument de type affectif, qui ne peut donc être contredit au plan intellectuel. Une réponse possible serait de demander au cardinal s'il peut donner le chiffre du nombre de morts pour lequel le déshonneur deviendrait préférable : mille, cent mille, un million ? Mais une telle question reste relativement abstraite. On pourrait donc la rendre plus affective en demandant « à partir de combien d'orphelins ? »

On voit tout de suite qu'un tel contre-argument serait efficace. On voit aussi qu'il est difficile à employer, car c'est mettre son adversaire dans une situation délicate, qui dépasse les limites socialement admises, surtout vis-à-vis d'un prince de l'Église. On ne peut donc utiliser ce type de réfutation que vis-à-vis d'adversaires déjà déclarés.

Tirer toutes les (ou d'autres) conséquences

La plupart des arguments ou des démonstrations tirent rarement toutes les conséquences de ce qu'ils avancent. Ou plus exactement, ils les tirent dans certains domaines mais en omettent d'autres. Un bonne réfutation peut consister à montrer les conséquences dans les domaines omis : l'humain, le social, peuvent être de bons contre-arguments dans les domaines économique ou financier. À l'inverse, un argument économique pourra être un bon contre-argument dans le domaine social. Exemple : le déficit de la Sécurité sociale.

Autre exemple. Différentes personnes sont condamnées par un tribunal pour avoir diffamé un juge d'instruction. Ce magistrat, à des fins d'expertise balistique, avait, dans le cadre d'une enquête, fait procéder à des tirs sur des têtes humaines prélevées sur des cadavres. Cette expérimentation avait été qualifiée de

« choquante », « scandaleuse » ou de « délirante » par les personnes condamnées. Les condamnés l'ont été fort justement, bien que lourdement, pour manque de subtilité dans la contre-argumentation. Ce qu'ils disent s'apparente à l'injure. Il eût peut-être mieux valu faire remarquer, tout en soulignant le caractère indiscutable de la décision du juge, qu'ils espéraient simplement que les cadavres en cause n'étaient pas ceux du général de Gaulle ni de Jean Moulin.

Changer de niveau

C'est un artifice fort ancien : « Si l'on parle en se référant à la loi, tu interroges en te référant à la nature, et si l'on parle de ce qui est dans l'ordre de la nature, tu interroges sur ce qui est dans l'ordre de la loi. » (Platon) [216]

De même, M. F. Mitterrand, Président de la République dans les années 1980, donne comme une des raisons pour lesquelles la France participe militairement à la guerre du Golfe le fait que la France doit **« tenir son rang »**. Il s'agit, de façon caractéristique, de la saisie d'un signifiant dominant. Il est en effet difficile de demander que la France ne tienne pas « son rang », d'autant que l'expression est parfaitement floue et veut dire ce que l'on veut lui faire dire. Une contre-argumentation sur ce sujet ne peut donc être directe et il faut sortir du cadre dans lequel on tend à vous enfermer. On pourrait cependant, en changeant de niveau, donc en quittant le plan des principes, demander quelles sont les corrélations entre le rang des pays, par exemple le fait que ces pays sont membres permanents du Conseil de Sécurité de l'ONU, et le taux de mortalité infantile (la corrélation serait plaisante avec la Chine et la Russie) ou la consommation de drogue et la criminalité (la corrélation serait également plaisante avec les USA).

Donner leur sens plein aux mots utilisés par l'autre

Jacques Lacan ayant habité au 5, rue de Lille, une association, menée par sa fille veut conserver cet appartement en l'état. J. Lang (ministre des Beaux-arts à l'époque) écrit :

« Je vous invite (...) au souvenir du 5, rue de Lille, je vous invite à sauvegarder ce lieu où se ressource l'inspiration, lieu mythique au sens fort du " *muthos* " grec, puisqu'il fut (...) le lieu par excellence d'une parole oraculaire. » [217] À « oracle » E. Littré donne : « réponse des dieux aux questions qui leur sont posées ». Si J. Lang veut laisser entendre que Lacan se prenait pour un dieu ou simplement pour la Pythie...

Continuer la tendance

Nous avons vu que spontanément la plupart des individus croient qu'une tendance va se continuer. Cependant, on tire rarement jusqu'au bout les conséquences d'une telle continuation, conséquences qui sont généralement absurdes. R. Aron faisait ainsi remarquer à l'époque des « trente glorieuses » que, si l'on continuait la tendance à l'augmentation de la production d'acier, il ne faudrait pas plus d'une cinquantaine d'années pour que la masse d'acier produite dépasse le volume de la Terre. Cette réfutation par l'absurde peut être assez efficace.

Faire appel aux principes

Durant l'été 1990, l'Irak envahit le Koweït. Les Nations unies réagissent. L'Irak prétend ne pouvoir négocier que si une négociation globale est engagée, portant sur tous les problèmes du Moyen-Orient et particulièrement de la question palestinienne. Le secrétaire d'État américain a refusé tout lien avec la question palestinienne : « On ne réduit pas un peuple en esclavage pour en libérer un autre. » [218]

Durant le printemps 1999, l'OTAN bombarde la Serbie et veut minimiser la connaissance par le public de «dégâts collatéraux», c'est-à-dire de femmes et d'enfants tués chez les populations bombardées. D'où un certain nombre d'explications confuses sinon mensongères : «... mais on pouvait espérer qu'une coalition de démocraties qui prétend lutter pour le droit et la morale se comporterait plus honnêtement que la dictature qu'elle combat.» [219]

Contre-attaquer sur le même terrain

Le plus souvent, la réfutation est d'un niveau beaucoup moins relevé, hélas! En voici un exemple. Des députés proposent que certaines indemnités parlementaires soient soumises à l'impôt comme celles de n'importe quel citoyen. Une polémique se développe à ce sujet, dont certains aspects sont qualifiés d'antiparlementarisme, suivant un amalgame classique qui confond la critique de certains excès et une critique du principe. Quelques semaines plus tard, un député publie un article [220] à ce sujet. Il commence par couvrir de fleurs un professeur de droit dont il a été étudiant et dont il nous apprend qu'il participe à cet «antiparlementarisme». «Le thème est facile», ajoute-t-il. Ce type d'argument, «facile», est efficace vis-à-vis d'un professeur de droit, le lecteur retenant l'idée que ledit professeur use de facilités et manque de rigueur, ce qui est grave pour un juriste. Après avoir ainsi fragilisé son adversaire, le député passe à l'attaque et il va attaquer «les privilèges» du professeur. Contre-attaque classique : sur le terrain où l'on a été attaqué, en l'occurrence les consultations données et bien payées et les quatre heures de cours par semaine. Le député compare ces 4 heures par semaine à ses semaines de 80 heures, ce qui est exactement comparer ce qui n'est pas comparable.

Mettons-nous cependant à la place du professeur de droit. Il répondra probablement par un haussement d'épaules et c'est bien tout ce que mérite cet article. Mais vis-à-vis du public, il est à craindre qu'il n'apparaisse comme « battu ».

Contre-argumentez à côté des arguments d'autrui

Utiliser de faux lapsus

Reprenons la phrase du cardinal Decourtray. Une façon de contrer un tel argument serait d'utiliser un faux lapsus :

« Le Maréchal Decourtray, pardon, je voulais dire : le cardinal Decourtray. » Amalgame plus allusion plus argument *ad hominem*. Il ne faut évidemment pas insister.

Manier l'ironie

« M. Maurice Dekobra vient de faire paraître un nouveau roman. Titre : *Le sabbat des caresses*, à moins que ce ne soit *Prends-moi toute !* ou *Sanglante et nue* ou *Entre mes bras* ou *Viens chez moi, il y a du feu !* ou *Les baisers de Satane*. Peu importe d'ailleurs. »[221] Peu importe, en effet...

Sous le titre « Embauchologie », C. Sarraute énumère un certain nombre de méthodes de recrutement, dont le moins qu'on puisse dire est qu'elles n'ont aucun caractère ni scientifique ni prédictif : gestique, hématologie, numérologie, morpho-psychologie. L'auteur conclut : « Je passe sur la chirologie, les lignes de la main, et sur la voyance extra-terrestre, parce que là, il s'agit de tests scientifiques n'autorisant aucune tricherie. »[222]

Il faut cependant avouer que dans de nombreux cas, l'ironie, si elle fait plaisir à l'auteur, n'amuse et ne convainc que des individus déjà convaincus.

Jouer sur les mots

Nous avons vu qu'une possibilité de réfutation était de dénoncer l'emploi de mots ayant peu ou pas de signification. Nous avons indiqué aussi qu'une autre possibilité était de jouer soi-même sur les mots, le démontage des abus de l'adversaire pouvant être peu convaincant. Répétons-le, ce n'est pas très honnête et certains publics seront sensibles à ce défaut. Il faudra donc doser en fonction des circonstances.

La possibilité de jouer sur les mots repose sur le fait que le langage naturel est un instrument extrêmement imparfait, dû à ce que :

- la langue dispose de mots pour désigner des choses qui n'existent pas : les fées, les sirènes...

- la langue dispose de mots sur la définition desquels il n'y a pas d'accord : la liberté, la démocratie...

- la langue dispose de mots au pouvoir quasi magique à une époque donnée : la grâce, la dialectique, la liberté, la mondialisation, etc. ;

- la langue dispose de quasi-synonymes : livre et bouquin, par exemple, qui disent à peu près la même chose sur le plan intellectuel, mais n'ont pas la même charge affective ;

- beaucoup de mots ont une forte charge émotionnelle : guerre, paix...

- cette charge émotionnelle est différente suivant les individus et les groupes : syndicats pour les patrons et les ouvriers.

- certaines formules grammaticales sont ambiguës ;

- il peut y avoir dissociation entre ce que l'on dit et ce que l'on pense ou éprouve.

Cette possibilité de jouer sur les mots est également ouverte par le fait que beaucoup d'individus ne différencient pas l'objet et le mot qui le désigne, suivant l'expression célèbre : « les cochons s'appellent des cochons, parce que ce sont des animaux très sales ». Autrement dit, « ils ne différencient pas la carte du territoire. »

Jouer sur les mots est un moyen très efficace de contre-argumenter. Deux réserves, cependant. Ce n'est pas très honnête. Cela peut choquer un auditoire à forte exigence intellectuelle : « Quoi ! mes pères, leur dis-je, c'est se jouer des paroles de dire que vous êtes d'accord à cause des termes communs dont vous usez, quand vous êtes contraires dans le sens. » (Pascal)[223]

Distinguer

Le « distinguo » (« *Verbe latin que l'on employait pour indiquer que, dans une proposition, on reconnaissait deux sens, dont l'un offrait une vérité que l'on accordait, l'autre une erreur que l'on niait.* » Bescherelle, 1853) est un moyen très efficace de détruire ou d'affaiblir un argument avancé par quelqu'un d'autre.

Il consiste, le plus souvent, à opérer une distinction tout à fait artificielle entre des phénomènes du même ordre.[224] Le distinguo peut être purement verbal. Le mécanisme consiste alors à ériger une différence conceptuelle entre les significations de deux synonymes.

« Ça me chatouille, ou plutôt, ça me gratouille.

– KNOCK, d'un air de profonde concentration : Attention, ne confondons pas. Est-ce que ça vous chatouille ou est-ce que ça vous gratouille ? » (J. Romains)[225]

« Le délégué syndical FO est, pour sa part, excédé par les questions de journalistes. "Il n'y a pas de licenciements, il n'y a que des suppressions de poste." »[226]

Dans d'autres cas, on distinguera entre plusieurs ordres, par exemple, l'efficacité et la morale. On peut donc être favorable à quelque chose sur le plan de l'efficacité et y être opposé sur le plan moral. Ou l'inverse...

On peut aussi distinguer entre les principes et les applications. Le principe est intangible, mais les applications peuvent supporter des aménagements ! C'est ainsi que dans la corruption des hommes politiques, on distinguera l'argent simplement dépensé de l'enrichissement personnel, c'est-à-dire l'augmentation du patrimoine. Ceci permet impunément de boire les meilleurs vins, fréquenter les meilleurs restaurants, passer des vacances sous les tropiques, rouler dans de voitures de luxe... On voit tout le parti qu'on peut tirer, qui est tiré, de cette distinction.

« Constatant que les lois pénales espagnoles entendent par "torture" des "actes de violence produits [...] pour obtenir aveux ou renseignements", M. Rubira en conclut que la torture pratiquée au Chili, "qui n'était exercée que pour générer la terreur", n'est pas un crime pour l'Espagne. »[227] Évident !

En termes d'argumentation, le distinguo permet, de façon très fine, de s'opposer à quelqu'un et à une de ses propositions tout en proclamant son accord sur quelque chose qu'on ne peut discuter.

Jouer sur les définitions

Le philosophe et logicien Witgenstein, pour se moquer des philosophes et montrer qu'une partie de leurs interrogations relèvent de la pure ingénierie verbale, pose la question suivante : « Un tigre qui n'a pas la peau rayée est-il encore un tigre ? » Ce type d'interrogation n'a évidemment pas grand sens, car tout dépend des définitions données et de l'univers de référence. Pour un botaniste, un chêne nain sera toujours un chêne, même si le promeneur est d'un avis différent.

En termes de réfutation, on utilisera des définitions légèrement différentes de celles de l'adversaire qui permettront évidemment de tirer d'autres conclusions des mêmes faits, chiffres, etc. Particulièrement utile lorsque les fondements de l'argumentation d'autrui sont incontestables. Également utile pour nouer des alliances de circonstance.

« Allons doucement, distinguo ; s'il appelle ce pouvoir pouvoir prochain, il sera thomiste et, partant, catholique ; sinon, il sera janséniste et partant hérétique. Il ne l'appelle, lui dis-je, ni prochain, ni non prochain. Il est donc hérétique, me dit-il : demandez-le à ces bons pères. Je ne les pris pas pour juges, car ils consentaient déjà d'un mouvement de tête, mais je leur dis : Il refuse d'admettre le mot prochain parce qu'on ne veut pas lui expliquer. À cela, un de ces pères voulut en apporter la définition ; mais il fut interrompu par le disciple de M. Le Moine qui lui dit : Voulez-vous donc recommencer vos brouilleries ? ne sommes-nous pas tombé d'accord de ne point expliquer ce mot de prochain et de le dire de part et d'autre sans dire ce qu'il signifie ? » (Pascal)[228]

Utiliser des distinctions purement formelles

Que la langue utilise des mots sur le sens desquels l'accord est extrêmement difficile est une autre source de confusion. Mais ceci peut être très utile en termes de réfutation, car cela permet tout en utilisant le vocabulaire d'autrui de se démarquer de ses positions tout en n'attaquant pas l'inattaquable (certaines valeurs).

Ce démarquage peut se faire :

– en utilisant des majuscules. Par exemple, la Foi chrétienne/la foi dans les cartomanciennes. Autre exemple : « Dans cet exercice ce sera premièrement, la connaissance du chef des méchants et le secours dont j'ai besoin pour m'en défendre ; secondement, la connaissance de la véritable vie, qui nous est montrée par le

Chef souverain et légitime, et la grâce nécessaire pour l'imiter. » (Ignace de Loyola)[229] Le traducteur remarque en note que l'auteur donne à Lucifer le nom de chef, et à Jésus-Christ celui de capitaine général, titre que portera plus tard le Caudillo Francisco Franco. Il ajoute qu'il regrette n'avoir pu garder cette distinction dans la traduction. Comme on le constate, il s'est tiré de cette difficulté par l'opposition majuscule / minuscule.

– en utilisant certains adjectifs : « La vraie justice »,[230] demande F. Mauriac pour les collaborateurs du régime de Vichy. « M. Fabius appelle à "un véritable renouveau" du PS. »[231] Ce qui signifie un renouveau conforme aux idées de M. Fabius et à sa stratégie de carrière.

Utiliser des formes grammaticales ambiguës

Voici un exemple du parti que l'on peut tirer d'une ambiguïté grammaticale. Il s'agit d'un ouvrage publié par un cardinal français et intitulé : « LE CHOIX DE DIEU ». Consciemment, le cardinal veut sans doute dire qu'il a choisi Dieu. Mais la formule (ô pièges de l'inconscient !) peut aussi laisser entendre que c'est Dieu qui l'a choisi, lui. En effet, la page de couverture n'indique pas : « LE CHOIX DE DIEU », par Untel, ce qui serait presque clair, mais donne le titre en dessous du nom de l'auteur, ce qui entretient l'ambiguïté. Remarquez aussi la saisie de l'incontestable. Allez donc discuter, surtout en public, avec quelqu'un qui a choisi Dieu…

Autre exemple. L'ouvrage d'A. Hitler, *Mein Kampf*, porte en bandeau : « Tout Français doit lire cet ouvrage. Maréchal Lyautey ». On ne sait si c'est pour le méditer ou pour le contredire. L'édition ne porte pas de date qui pourrait éventuellement lever l'ambiguïté. Mais l'éditeur jouait clairement dessus.

Hiérarchiser implicitement

Certains mots, qui d'une certaine façon désignent la même chose, impliquent cependant une certaine hiérarchie. On oppose, par exemple, la Foi chrétienne aux croyances païennes Si l'on parlait de croyances chrétiennes, on les rabaisserait implicitement, mais sans effectuer une attaque frontale qui susciterait des réactions.

Cette hiérarchisation peut être utilisée en jouant sur plusieurs registres. Sur le registre religieux, on parlera par exemple de la communion, ou du mystère de l'Eucharistie ou de la Sainte Cène. Sur un registre scientifique, qui apparaîtra à certains comme pseudo-scientifique, on parlera de manducation rituelle du dieu. Cette expression qui ne choquera pas, si l'on parle de quelque « peuplade » colonisée, peut choquer si l'on parle de la peuplade française.

Qualifier insidieusement

Certains adjectifs signifient plus que le mot qu'ils qualifient. Cela est évident pour les adjectifs forts : « une loi scélérate… », mais cela manque de subtilité. On s'inspirera de l'exemple suivant : « M. Verdiglione, le célèbre psychanalyste transalpin, condamné en juillet 1986 à quatre ans de prison en vertu d'une étrange loi dite de " circonvention d'incapable " (abus d'influence)… »[232] On voit le procédé : on n'explique nullement en quoi cette loi est étrange, ce qu'elle n'est pas. « Vous avez dit bizarre, mon cher cousin. Comme c'est étrange…»

Autre exemple. Dans une publicité pour un séminaire destiné à des cadres, on titre : « Mobiliser l'énergie claire du leader ». En l'occurrence, « claire » n'a aucun sens. Mais affectivement, clair renvoie au positif par des associations inconscientes avec la lumière, le soleil… et Apollon, pourquoi pas ? Il serait difficile d'utiliser le mot sombre, qui, lui, renverrait à l'obscurité… et à la mort. Évidemment cela « sonne » bien, mais ne peut être utilisé que vis-à-vis d'un public peu critique.

Autre exemple plus subtil : « Avec les années trente, l'Histoire réédite une nouvelle montée des périls : celle de l'hitlérisme. Cette étrange période coalise une cohorte pacifiste, insolite ou suscite de curieux égarements de la raison. C'est Léon Blum, ébloui, au début de cette décennie, par les prestiges d'un désarmement unilatéral. »[233] Le procédé repose presque uniquement sur l'utilisation d'adjectifs, plus ou moins déplacés. On ne voit pas en quoi cette période est « étrange ». Mais l'accumulation de « étrange », « insolite », « curieux », « égarement » amène à Léon Blum, qu'on ne qualifie que d'ébloui, certes, mais en escomptant que les adjectifs précédents ne sont pas oubliés et vont contaminer le « ébloui ». Sans oublier évidemment qu'une personne éblouie n'y voit plus rien. Notons également l'expression « égarements de la raison » qui renvoie à Crébillon et donc ajoute une touche de « vice ».

L'usage de certains qualificatifs permet de dévaloriser une position sans le dire explicitement en utilisant des adjectifs qui, d'une façon ou d'une autre, ont une connotation négative.

« … le Front national et le Parti communiste, épaves qui s'appuient sur les secteurs les plus archaïques de la société française. »[234] (Épaves : débris en général. Larousse). Que le Parti communiste actuel soit un débris du puissant Parti communiste d'autrefois, c'est possible. Mais de quoi est le débris, le Front national, formation relativement récente ? Quant à « archaïque », un sociologue sait pertinemment que c'est un mot vide de sens. Mais le point n'est évidemment pas là. Voilà deux formations rejetées dans les poubelles de l'histoire par de simples qualificatifs, sans que l'on prenne la peine de justifier, en quoi que ce soit, cette condamnation.

À la limite, l'adjectif contredit en fait le mot qu'il qualifie :

« Solidarité nationale. » Très bien, mais pourquoi seulement nationale ? En fait, national, ici, exclut tout le reste. L'adjectif contredit le concept même de solidarité.

User de casuistique [235]

« Premièrement, il est possible qu'un facteur non mesuré entraîne à la fois une forte consommation d'alcool et une forte consommation de médias. En ce cas, la relation observée ci-dessus entre consommation et publicité pourrait être imputée à une cause commune, un troisième larron omis dans le questionnaire. Par exemple, certains individus sont plus déçus par la vie que d'autres, ou ont plus de mal à vivre leur vie sociale. Ceci les conduit à fuir en regardant beaucoup la télévision (où passent les publicités de bière) ou à lire souvent des revues érotiques (*Play-boy*, etc.) où l'on donne beaucoup des publicités de spiritueux et ils fuient aussi en s'adonnant à l'alcool.

Il existe une seconde raison recommandant de ne pas sauter dans des conclusions hâtives : la direction de la causalité [...] est-ce que le volume de publicités vues cause le volume de consommation d'alcool ou n'est-ce pas plutôt l'inverse ? [...] Les études d'impact publicitaire montrent que les individus repèrent plus vite et portent plus d'attention aux messages portant sur leurs centres d'intérêt. Les gros buveurs d'alcool s'intéressent à l'alcool, aux marques et sont donc prédisposés à plus s'exposer aux messages publicitaires concernant une de leurs consommations favorites. » (Kapferer) [236]

Ces explications sont curieuses de la part d'un auteur généralement nuancé. Il a raison, en termes de bonne méthode, d'attirer l'attention, sur l'action d'une troisième variable liée aux deux autres et qui serait en fait explicative par rapport à elles. Idem quant à la difficulté, parfois, de déterminer le sens de la causalité.

Cependant la direction de la causalité suggérée par l'auteur est des plus étonnantes : regarder davantage de publicité sur l'alcool parce qu'on est alcoolique et non l'inverse. C'est ce qui explique sans doute que les enfants qui mangent le plus de bonbons sont ceux qui recherchent activement, au prix d'un zapping effréné, les publicités pour les bonbons. Allons, allons…

Créer des concepts

On peut s'inspirer de la méthode suivante : « En d'autres termes, l'œuvre de pensée apparaît d'abord comme l'œuvre de la pensée de quelque chose ; c'est vers ce quelque chose que nous sommes entraînés ; et nous sommes tentés de le scruter pour identifier ce qui nous est dit, de vérifier sa cohérence, de produire et d'ordonner les concepts qui le gouvernent ; et alors c'est vers la pensée que nous sommes tournés, nous pensons la pensée dans l'œuvre de pensée et non plus ce quelque chose que la pensée pense. Ce quelque chose n'est pas aboli, mais épuré pour être changé en son concept. »[237]

Si cette méthode vous paraît excessivement subtile et de faible portée, vous pouvez simplifier de la façon suivante et il n'est pas sûr que le résultat ne soit pas comparable.

- Prendre un mot du langage courant.
- Le traduire en latin.
- Utiliser ce mot latin comme concept.

On se rapprochera ainsi de « praxis » si commun dans la vulgate marxiste ou de « habitus » repris savamment par P. Bourdieu.

Parfaitement incontestable car l'on peut toujours faire valoir que l'interlocuteur n'a pas compris la profondeur, la richesse, la fécondité scientifique dudit concept. À n'utiliser, cependant, que dans les domaines flous tels que le marketing ou les sciences humaines ou devant des publics dont les humanités sont quelque peu lointaines.

User d'interrogations purement rhétoriques

L'interrogation a l'avantage de réveiller l'attention en laissant quelque chose en suspens.

Plusieurs possibilités ensuite :

- une réponse immédiate, ce qui n'a pas grand intérêt car l'interrogation peut paraître artificielle ;
- une réponse légèrement différée. Exemple : « On dira que le despote assure à ses sujets la tranquillité civile ; soit : mais qu'y gagnent-ils, si les guerres que son ambition leur attire, si son insatiable avidité, si les vexations de son ministère les désolent plus que ne feraient leurs dissensions ? Qu'y gagnent-ils, si cette tranquillité même est une de leurs misères ? On vit tranquille aussi dans les cachots : en est-ce assez pour s'y trouver bien ? (Rousseau) [238]
- une réponse différée, qui permettra de revenir à la question posée en montrant le chemin parcouru ou en montrant qu'il y avait d'autres éléments à prendre en considération avant de donner la réponse ;
- pas de réponse. C'est la forme la plus intéressante :
- soit que la question s'adresse réellement à quelqu'un, mais de façon telle qu'il ne puisse répondre. En voici un exemple : il s'agit du compte rendu d'un procès d'assises.
  « Mme X... c'est la mère (du meurtrier) s'avance à son tour. Elle aussi fond en larmes en passant devant son fils, ce qui agace la présidente (*i.e.* du tribunal). "Pourquoi pleurez-vous, Madame ?", lance le magistrat, tout en ordonnant qu'on lui donne une chaise. » [239] Une telle interrogation ne relève pas que de la... (auto-censuré !). Elle n'appelle évidemment aucune réponse. Mais elle signifie deux choses. Un ordre : « Ne pleurez pas ». Une gêne (et un aveu) : « Je n'aime pas que l'on pleure ».

– soit qu'il s'agisse d'une question qui n'en est pas une, car la réponse est donnée en sous-entendu. Exemple :
« Qu'est-ce qu'une laïcité qui voudrait être laïque à tout prix ? »[240] Il y a évidemment une réponse implicite : ce serait épouvantable. Autre exemple. Lorsque Dumas, ministre des Affaires étrangères, pose la question : « M. Rocard a-t-il l'étoffe d'un homme d'État ? », la réponse sous-entendue est parfaitement négative. Mais M. Dumas n'a rien dit.

– soit que la réponse soit en fait dans la question : « Si la mode n'est pas le reflet de la vie, alors qu'est-ce que c'est ? »[241]

Parler d'autre chose

Une façon de contre-argumenter peut être aussi de parler d'autre chose, comme si par amalgame sous-entendu, les choses étaient liées ou se contrebalançaient.

Exemple. L'Union nationale des fédérations départementales des chasseurs fait paraître une publicité pour défendre la chasse. La publicité consiste à reprendre des arguments classiques contre la chasse et à montrer qu'ils sont faux. Un des ces arguments est : « On prétend que la chasse est le plaisir de la destruction ». Faux, répond la publicité qui poursuit : « Un million huit-cent mille chasseurs consacrent bénévolement chaque année plus de 20 millions d'heures, non pas à chasser, mais à protéger et à faire revivre la nature. Par exemple, ils viennent de planter plus de 40 000 arbres... » C'est très bien, mais cela n'a aucun rapport !

Dans d'autres cas, selon une expression populaire, il s'agit de « noyer le poisson ».

« Quand ils plaident, ils évitent soigneusement de fournir des arguments favorables à leurs thèses, mais, tout en donnant de la voix et en gesticulant, ils s'étendent de façon très ennuyeuse sur mille circonstances qui n'ont rien à voir avec le sujet. Par exemple, dans le cas que nous citions tout à l'heure, on ne cherche d'aucune manière à savoir quel droit a mon adversaire sur ma vache, mais si celle-ci est rousse ou noire, si les cornes sont longues ou courtes, si le champ où je la fais paître est rond ou carré, si on la trait à la maison ou dehors, à quelles maladies elle est sujette, et ainsi de suite. Après quoi on consulte les précédents, on renvoie la cause à la suite un certain nombre de fois et au bout de dix, vingt ou trente ans le verdict est rendu. » (Swift) [242]

Utiliser les guillemets

Ils sont normalement utilisés pour faire une citation, le plus souvent avec le nom de l'auteur. Ils sont également utilisés pour indiquer qu'on ne reprend pas à son compte ce qui est écrit. On mettra ainsi des guillemets autour du nom d'un mouvement politique illégal ou des expressions qu'il emploie. Dans certains cas, le choix de guillemets pour une citation est également utilisé subtilement pour se démarquer : « Les droits de l'homme ne doivent pas porter atteinte aux valeurs "sacrées du pays", déclare le roi Hassan II. » [243]

Parfois, les guillemets remplacent le point d'ironie qui n'existe pas en français. C'est ainsi que *Le Monde* titre :

« Un renvoi "en toute indépendance" » [244] pour introduire un article dont il ressort assez clairement qu'un procès est renvoyé pour des raisons politiques (en occurrence l'attente d'une amnistie), donc sans aucune indépendance !

Mais dans certains cas, les guillemets posent de redoutables problèmes. Exemple :

Page 1 du *Monde* : La France condamnée pour « torture ». Page 10 du même numéro : La France condamnée pour torture par la Cour européenne des droits de l'homme. Délicat ! Ne pas mettre de guillemets revient à condamner la France. En mettre à déjuger la Cour européenne. Le journal n'a pas pu trancher.[245] Si délicat que *Le Monde* y revient quelques jours plus tard. Avec une lettre de lecteur: «Ainsi la France a été condamnée pour "torture" ce qui est évidemment moins grave que d'être condamnée pour torture [...].» Et un article de journaliste qui veut faire le point: «Car les guillemets [...] servent aussi bien à signaler une citation ou un changement de locuteur qu'à manifester de l'ironie, de la distance ou une réserve à l'égard de certains mots, parfois pris dans un sens second.»[246]

Les guillemets sont donc utiles pour se démarquer de différentes façons de l'argumentation d'autrui. Oralement, les guillemets se marquent par une rupture de ton.

Attention aux limites

> *« Nous pratiquons surtout le précepte divin d'obéir*
> *aux puissances, mais avertis tard des changements,*
> *de peur de ne pas crier à propos : Vive le roi ! Vive la ligue !*
> *nous ne crions rien du tout. »*
>
> P.-L. COURIER[247]

Tout système social comporte des limites qu'il est sage de ne pas transgresser si l'on n'est ni prophète ni suicidaire. Pour une part, ces limites sont imposées: «Et que, pourvu que je ne parle en mes écrits, ni de l'autorité, ni du culte, ni de la politique, ni de la morale, ni des gens en place, ni des corps en crédit, ni de l'opéra, ni des autres spectacles, ni de personne qui tienne à quelque chose ; je puis tout imprimer librement sous l'inspection de deux ou trois censeurs.» (Beaumarchais)[248] Les choses n'ont changé qu'en apparence.

Pour une autre part, ces limites sont si bien intériorisées qu'il ne nous viendrait pas à l'esprit de les transgresser. Nous les imaginons bonnes, sinon nécessaires. Il faut un certain recul pour les percevoir. L'on s'étonne que tant de bons esprits dans les siècles passés, et cela est particulièrement vrai de la Renaissance, n'aient pu penser l'univers sans un Dieu « horloger ». Certains pensaient même qu'il s'agissait d'un progrès : « Les philosophes d'autrefois n'ont pas découvert la vérité au moyen de la foi, mais seulement au moyen de la raison. Aussi leur science n'avait pas dans leur temps la valeur de notre science d'aujourd'hui. » (R. Lulle)[249] R. Lulle se réfère à Aristote. Hélas ! Quelques siècles après, l'on s'aperçoit que l'œuvre d'Aristote résiste mieux au temps que celle de Lulle.

De nos jours, il est pratiquement impossible de penser officiellement en dehors de la science ou de la démocratie. C'est sans doute une bonne chose ! Mais l'idéologie dominante traîne avec elle des éléments autrement contestables, qu'il est cependant sage, sauf position de pouvoir également dominante, de ne pas attaquer, lors même que la réfutation la plus évidente vous viendrait aux lèvres. En termes de réfutation, ce que nous voulons souligner c'est que dans certains cas, il est non seulement inutile mais dangereux de s'attaquer aux moulins à vent.

Conclusion

> *« Que s'il se trouve des endroits où l'on était excité à rire,*
> *c'est parce que les sujets mêmes y portaient.*
> *Il y a beaucoup de choses qui méritent d'être moquées*
> *et jouées de la sorte de peur de leur donner du poids*
> *en les combattant sérieusement. Rien n'est plus dû*
> *à la vanité que la risée et c'est proprement à la vérité*
> *à qui il appartient de rire, parce qu'elle est gaie, et de se jouer*
> *de ses ennemis parce qu'elle est assurée de la victoire. »*
> TERTULLIEN, cité par Pascal, *onzième Provinciale*.

Persuader est donc un art complexe, nous venons de le voir, car il fait appel à des ressources très diversifiées.

- Capacités personnelles, tout d'abord, car il faut clarifier son objectif, préciser son message, élaborer une stratégie.

- Capacités relationnelles, ensuite, car il faut se centrer sur autrui, se mettre à sa place, imaginer ce qui sera convaincant pour lui.

- Capacités d'imagination pour trouver les arguments, les images, les figures de style qui auront un impact sur la psychologie de l'autre.

- Capacités littéraires enfin, qui permettront une présentation écrite efficace, car simple, lisible, mais aussi diversifiée.

- Capacités d'orateur, éventuellement.

Mais la véritable difficulté n'est sans doute pas là. Elle est beaucoup plus dans le caractère faussement évident des arguments qui sont persuasifs pour soi, auxquels on va donc penser spontanément et utiliser sans réflexion critique suffisante. Nous l'avons dit, une erreur des plus fréquentes consiste à penser que son problème est un argument pour autrui. C'est ce qui explique que tant de discours soient des discours vides, qui, au mieux, font plaisir à celui qui les prononce, mais dont l'impact est nul ou à peu près. C'est ce qui explique aussi la vanité de beaucoup de discussions, personne n'écoutant personne et personne ne faisant un effort suffisant pour être convaincant.

Convaincre est donc un exercice qui demande un certain apprentissage. Il n'est guère enseigné de nos jours, depuis que l'on a supprimé la classe de rhétorique, sans la remplacer par un enseignement plus actuel. Cet apprentissage ne peut donc être que personnel et résulter d'un entraînement qui permettra peu à peu de disposer des routines (au sens informatique), qui donneront de l'efficacité à vos discours, sans ce long travail préalable que ne permet pas toujours le caractère nécessairement rapide d'une intervention ou d'une discussion.

S'entraîner c'est s'obliger régulièrement à tenter d'être convaincant lorsque le temps est disponible et que le sujet est de faible conséquence. De telles occasions ne sont pas rares. Il suffit d'y faire attention.

Ceci étant, une bonne partie des discours n'a pas d'autre fonction que de marquer l'existence de celui qui les prononce. Une autre partie n'a pour fonction que de marquer que l'on reconnaît l'existence de l'autre et ce qui compte alors est moins ce qu'on communique que le seul fait de communiquer. Il ne faut donc pas vouloir argumenter et convaincre à tout propos. Cela serait inefficace, sinon fatiguant pour votre interlocuteur. Mais lorsque l'on veut convaincre, il faut d'abord effectuer un travail assez long et difficile si l'on veut modifier en quoi que ce soit le point de vue d'autrui.

Notes

1. Platon, *Gorgias*, 7.

2. Pascal, *Pensées*.

3. Platon, *Gorgias*, II.

4. « De sorte que tout ce qu'on doit conclure, quand on a rejeté quelque opinion ou d'Aristote ou d'un autre, est que l'on n'est pas du sentiment de cet auteur en cette occasion ; mais on n'en peut nullement conclure que l'on n'en soit pas en d'autres points et beaucoup moins qu'on n'ait quelque aversion contre lui, et quelque désir de le rabaisser. On croit que cette disposition sera approuvée par toutes les personnes équitables, et qu'on ne reconnaîtra dans tout cet ouvrage qu'un désir sincère de contribuer à l'utilité publique, autant qu'on pouvait le faire par un livre de cette nature sans aucune passion contre personne. » Arnaud et Nicolle, *Logique de Port-Royal*.

5. B. Pascal, *Pensées*, Lyon, Périsse frères, 1831.

6. I. Mullois, *Cours d'éloquence sacrée populaire.* Paris, Josse, 1859.

7. Cicéron, *De l'Orat.* II.

8. A. Jablenskys, *Étude multiculturelle de la nature de la schizophrénie*, OMS, Genève, 1986.

9. M. Ducœurjoly, *Le Nouveau Comus*, Paris, 1806.

10. F.M. Guérin, s.j., *De la composition oratoire*, Paris, Douniol, 1864.

11. *Et moi, émoi.* P. Weil, Editions d'Organisation, 1986.

12. R. Alexandre, *L'Expansion*, été 1989.

13. J.-J. Virey, *Traité de pharmacie théorique et pratique*, Paris, Rémont, 1819.

14. V. Packard, *La Persuasion clandestine*, Calmann-Levy, 1958.

15. Pub Renault.

16. A. Frachon, *Le Monde*, 29/1/1991.

17. A. Rousselet, (ex) DG de Canal Plus. *Le Monde*, 17/2/1994.

18. F. Guyon, *La publicité n'affiche pas la couleur*, Paris, Denoël, 1984.

19. *Le Nouvel Observateur*, 8-14/12/1988.

20. Cité par B. Pascal, *Onzième lettre au provincial*.

21. J.-J. Rousseau, *Lettre à M. de Beaumont*.

22. *Le Monde*, 15/12/1989.

23. Arnaud et Nicolle, *La logique ou l'art de penser*, Paris, 1662.

24. G. Le Bon, *La psychologie des foules*, Paris, 1915.

25. *Le Canard enchaîné*, juin 1937.

26. J.-P. Bacquer, *L'Expansion*, Été 1989.

27. Pub BMW, *Gault-Millau*, n° 340.

28. J.-P. Sartre, préface aux *Damnés de la terre* de F. Fanon, cité par un lecteur, *Le Figaro*, 6/3/1991.

29. Discours d'un responsable de l'École nationale de la magistrature, *Le Monde*, 1/3/1999.

30. « Pouvez-vous procéder à une petite démonstration de l'art de maîtriser le mouvement des troupes ?»

Sun Tzu répondit : « Je le peux. »

Ho Lu demanda : « Pouvez-vous pratiquer cette expérience sur des femmes ? »

Sun Tzu dit : « Oui. »

Là-dessus le roi donna son accord et fit envoyer du palais cent quatre-vingt belles femmes. Sun Tzu les répartit en deux compagnies et plaça à leur tête les deux concubines préférées du roi. Il leur apprit à toutes à porter une hallebarde. Puis il dit « Savez-vous où se trouve le cœur, où se trouvent la main droite, la main gauche et le dos ? »

Les femmes dirent : « Nous le savons. »

Sun Tzu dit : « Lorsque j'ordonne face, tournez-vous de face, le cœur vers moi ; lorsque je dis gauche, tournez-vous vers la main gauche ; lorsque je dis droite, tournez-vous vers la droite ; lorsque je dis arrière, tournez-moi le dos. » Les femmes dirent : « Nous avons compris. » Après l'énoncé de ces dispositions, les armes du bourreau furent préparées. Sun Tzu donna alors les ordres trois fois et les expliqua cinq fois, après quoi il battit sur le tambour le signal : Tournez-vous à droite. Les femmes éclatèrent de rire.

Sun Tzu dit : « Si les instructions ne sont pas claires et si les ordres n'ont pas été complètement expliqués, c'est la faute du commandant. » Il répéta alors les ordres trois fois et les expliqua cinq fois, et il frappa sur le tambour le signal de se tourner à gauche. De nouveau les femmes éclatèrent de rire. Sun Tzu dit : « Si les instructions ne sont pas claires et si les ordres ne sont pas explicites, c'est la faute du commandant. Mais lorsque les instructions ont été expliquées et que les ordres ne sont pas exécutés conformément à la loi militaire, il y a crime de la part des officiers. »

Puis il ordonna que les capitaines de la compagnie de droite et de celle de gauche soient décapités. Là-dessus, de nouveau, au tambour, il donna le signal et les femmes se tournèrent à droite, à gauche, de face, de dos, se mirent à genoux. Elles n'osèrent pas faire le moindre bruit. » Sun Tzu, *L'art de la guerre*.

31. *Le Canard enchaîné*, 13/10/1937.

32. A. Girard, *Préceptes de rhétorique*, Lyon, Périsse frères, 1844.

33. Dépliant publicitaire pour la revue *New Age*, mars 1991.

34. *Le Monde*, 11/4/1991.

35. *La Liberté*, 6 août 1914.

36. *Paris-Midi*, 3 août 1914.

37. F. Mauriac, *Le Figaro*, 12/9/1944.

38. L. Fabius, *Le Monde*, 25/8/1999.

39. J. Lang, *Le Monde*, 27/8/1999.

40. *La Liberté*, 6 août 1914.

41. *L'Humanité*, numéro clandestin ronéotypé, n° 70, 14 sept (1940?).

42. *Le Parisien Libéré*, 15 Mai 1968.

43. Grand Rabbin Sitruk, *Le Monde*, 1/10/1990.

44. Newt Gingrich, chef de la majorité républicaine aux USA, *Le Monde*, 2/3/1995.

45. M. Kouchner, *Le Monde*, 16/1/1991.

46. Pub Total parue dans *Le Monde*, 22-23/8/1999.

47. Pub Elf, parue dans *Le Monde*, 26/8/1999.

48. J. Planchais, *Le Monde*, 21/12/1990.

49. *Le Figaro*, 12/3/1991.

50. Bernardin de Saint-Pierre, *Études de la Nature*, 1787.

51. R. Debray, *Cours de médiologie générale*, 1991.

52. Était à l'époque Premier ministre de Charles de Gaulle.

53. A. Fontaine, *Le Monde*, 15/12/1999.

54. M.-C. Vettraino-Soulard, *Luxe et publicité*, Paris, Retz, 1990.

55. R. Vailland, cité en quatrième de couverture de l'édition Folio, Gallimard, 1975.

56. Éditorial de *Presque offert*, mars-avril 1999.

57. M.-F. Garaud, *Le Figaro*, 29/1/1999.

58. S. Fay, *Le Monde*, 16/5/1998.

59. *Le Monde*, 3/1/1994.

60. *Le Monde*, 15/11/1991.

61. Citations données par A. Cressard, *Le Monde* TV, 13-19/9/1999. À propos d'une speakerine.

62. Ces citations sont toutes extraites du numéro spécial du *Monde* consacré au Festival d'automne, 18/9/1999.

63. « Je veux que l'orateur sache présenter une seule et même chose sous différentes faces ; tenir longtemps l'esprit des auditeurs attachés sur un même objet ; en atténuer certains autres ; tourner en raillerie ce qu'on lui objecte ; s'écarter à dessein du sujet par une digression placée à propos ; annoncer les points qu'il a traités, et après être convenu de quelque chose, revenir sur ses pas. Il faut qu'il sache presser l'adversaire par de vives interrogations ; s'interroger lui-même et se répondre ; dire une chose et en faire entendre une autre ; omettre certaines choses qu'il semble négliger ; prévenir les esprits en sa faveur ; se décharger sur son adversaire des reproches qu'on peut lui faire à lui-même ; supposer des dialogues et les rapporter ; donner une voix aux choses inanimées ; détourner adroitement les esprits de la question, en excitant la gaieté et le rire ; aller au-devant des objections ; user de similitudes et d'exemples ; déclarer qu'il ne dit pas tout ; avertir ceux qui l'écoutent d'être sur leurs gardes ; s'abandonner quelquefois à la colère ; employer à propos des reproches ; recourir aux prières et aux supplications... » Cicéron, Orat., 40, 41.

64. Père Alain Maillard de la Morandais, docteur en théologie, *Le Monde*, 24/06/2000.

65. D. Rukovski, cité par D. Rouard, *Le Monde*, 28-29/4/1991.

66. É. Badinter *et al.*, *Le Monde*, 25-26/11/1990.

67. Quintilien, *De orat.*, 8, 2.

68. Arnaud et Nicolle, *op. cit.*

69. E. Schartzenberg, *Le Figaro*, 17/11/1993.

70. M. Niedergang, *Le Monde*, 15/9/1992.

71. A. Glucksman, *Le Figaro*, 4/3/1991.

72. À propos de la guerre de l'OTAN contre la Serbie. *Le Monde*, 14/4/1999.

73. A. Kriegel, *Le Figaro*, 17/11/1993.

74. B. Poirot-Delpech, *Le Monde*, 4/11/1992.

75. *Le Canard enchaîné*, 1/2/1939.

76. Voltaire, *Le fanatisme*, Editions du centenaire, Paris 1878, p. 776.

77. *Esprit du Curé d'Ars*, Paris, Douniol, 1864.

78. M. Moscovici, Le Monde Réel, *Nouvelle Revue de Psychanalyse*, Automne 1980.

79. *Télévisions*, janvier 1993.

80. J. Krauze, interviewant T. Mazowiecki, ex Premier ministre de Pologne. À propos de la guerre menée par l'OTAN contre la Serbie, *Le Monde*, 31/7/1999.

81. « Vous me demandez, mon jeune ami, comment vous pourrez devenir Orateur et mériter le beau nom de sophiste. (...) Munissez-vous donc d'un grand fond d'ignorance, armez-vous ensuite d'audace, de confiance et d'impudence. Pour la pudeur, l'équité, la modestie, la rougeur, laissez tout cela chez vous, comme choses inutiles et contraires à vos desseins. Accoutumez-vous à crier bien haut, et prenez le ton le plus impudent, avec la contenance et l'air que vous me voyez. Cela est absolument nécessaire, et souvent tient lieu de tout. Portez une robe blanche brodée en fleurs, tissée à la façon de Tarente, et qui soit transparente. Ayez des mules attiques aussi finement travaillées que celles des femmes ou des

souliers de Sycione qui font un effet charmant sur des brodequins bancs. Ayez toujours à votre suite de nombreux domestiques, et un livre en mains. (...) Après cela mettez-vous bien en tête quinze ou vingt mots attiques que vous aurez bien soin d'avoir souvent à la bouche, et dont vous assaisonnerez tous vos discours. (...) Parlez un langage inusité, étranger, inconnu même aux Anciens, pourvu que vous mêliez dans le discours les mots en question, vous serez considéré, admiré du vulgaire, comme un homme dont les connaissances sont au-dessus de sa portée. Si vous faites des solécismes ou des barbarismes, la seule manière de vous en tirer est de payer d'effronterie, et de citer hardiment un Poète ou un Prosateur qui n'aura jamais existé, mais que vous donnerez comme très habile dans la langue et dont l'autorité justifiera votre façon de parler. (...) Si vous avez à parler dans Athènes d'un corrupteur ou d'un adultère, rapportez-vous à ce qui se pratique en pareil cas en Perse ou aux Indes. N'oubliez pas les grands mots de Marathon et de Cynégyre, qui doivent se montrer partout. Faites passer les vaisseaux à travers le Mont Athos, traverser l'Hellespont à pied sec ; éclipsez le soleil sous les flèches des Perses ; mettez Xerxès en fuite ; faites admirer Léonidas ; faites entendre les noms de Salamine, d'Artémise ou de Platée, et faites-les entendre souvent, qu'on les voie, pour ainsi dire, nager à la surface, ou briller comme les fleurs dans une prairie. Surtout rappelez-vous les petits mots dont nous avons parlé ; nécessaires ou non, ils sont toujours beaux, lors même qu'ils sont jetés au hasard.» Lucien, *Le Maître d'éloquence*, édition 1787.

82. M. Braudeau, *Le Monde*, 24/3/94.

83. R. Debray, cité par *Le Monde des livres*, 19/4/1991.

84. Lucien, *op. cit.*

85. Un représentant du Crédit Lyonnais, *Le Monde*, 24/7/1999.

86. B. Cathelat, *op. cit.*

87. A2, 18/07/2000.

88. J.-L. Douin, *Le Monde*, 21/5/1999.

89. P. Lepape, *Le Monde*, 22/10/1999.

90. P. Sollers, *Le Monde*, 19/4/1991.

91. Serge Dassault, *J'ai choisi la vérité*, Paris.

92. Exemple. Voici un auteur qui ne veut pas prendre à son compte les opinions de celui qu'il traduit. Texte : « Je ne sais s'il est un homme, quelque sombre que l'on suppose son caractère, qui puisse s'empêcher de rire en pensant à toutes les folies adoptées par les sots mortels dans les jours de fête, dans les sacrifices et autres actes de la religion. Les prières qu'ils font aux dieux, les vœux qu'ils leur adressent, l'opinion qu'ils en ont pourraient dérider les fronts des plus mélancoliques. Je voudrais cependant qu'avant de se permettre d'en rire, on examinât s'il ne conviendrait pas de regarder comme des impies malheureux, plutôt que comme de religieux adorateurs, tous ceux qui se font de la divinité une idée assez basse pour croire qu'elle ait besoin des faibles humains, et qu'elle soit flattée de leurs hommages ou choquée de leur indifférence. » Le pauvre abbé, traducteur de Lucien se croit obligé de mettre ceci en note de bas de page : « Ce sophisme de Lucien contre le culte que les hommes ont rendu de tous temps à la Divinité n'en imposera, je pense, à personne ; si ce n'est peut-être à quelques écrivains de nos jours, qui n'ont pas craint de compromettre leur jugement, en le répétant sérieusement les uns après les autres. » Lucien, *Des sacrifices*, traduit par l'abbé Massieu, édition 1781.

93. Lewis Carroll, *Alice au pays des merveilles*.

94. P. Bourdieu, *op. cit.*

95. Lewis Carroll, *Alice au pays des merveilles*.

96. B.-H. Lévy, *Le Monde*, 5/1/1993.

97. Ce mot renvoie à Heidegger, auteur d'autant plus prestigieux que sa pensée est difficile sinon obscure.

98. P. Ricœur, « Structure et herméneutique », *Esprit*, nov. 1963.

99. Mot grec, racine de étymologie.

100. P. Bourdieu, *Ce que parler veut dire*, Paris, 1982.

101. Et l'homme sage ne le déteste pas.

102. Rendez à César ce qui lui appartient et à Dieu ce qui appartient à Dieu.

103. Ici gît le lièvre.

104. Nous ferons bonne chère.

105. J'ai tué un cochon et j'ai du bon vin.

106. Rabelais, *Gargantua*, Livre I.

107. E. Le Roy Ladurie, *Saint-Simon*, Fayard.

108. R. Mandrou, *Magistrats et sorciers en France au XVIIᵉ siècle*, Seuil.

109. J. Derrida, *Le Monde*, 9-10/07/2000.

110. Roman plus que libertin du XVIIIᵉ siècle.

111. J.-N. Kapferer, in *La communication publicitaire*, IREP, 1986.

112. J. Guillaumin, *Nouvelle Revue de Psychanalyse*, n° 12, 1975.

113. M. Blanchot, *L'espace littéraire*, Folio, 1988.

114. P. Sollers, *Le Monde*, 11/12/1992.

115. A. Glucksman, *Le Figaro*, 4/3/1999.

116. A. Finkielkraut, *Le Monde*, 7/7/2000.

117. B. Pascal, *Pensées*, XIII, 1.

118. B. Pascal, *Pensées*, XIII, 15.

119. Dr Swift, *Conte du tonneau*, 1757.

120. « L'hiver suivant un acteur gagné par le corps des faiseurs de franges joua son rôle dans une pièce nouvelle, tout couvert de franges d'argent et par là, conformément à la louable coutume,

il en introduisit la mode. Les trois frères consultant là-dessus le Testament en question, ils trouvèrent à leur grand étonnement ces paroles accablantes : j'ordonne et commande à mes trois fils de ne porter jamais des franges en argent sur leurs habits ni à l'entour d'iceux. Ces mots étaient suivis d'une longue liste de punitions, dont ils étaient menacés en cas de désobéissance. Plus les difficultés sont grandes, plus il y a de gloire à les surmonter. Un article si foudroyant ne découragea pas celui des Frères dont j'ai si souvent loué l'érudition ; c'était un homme expert dans la critique et il avait trouvé dans un certain auteur qu'il ne nommait pas, pour certaines raisons, que le terme frange mentionné dans le testament signifie aussi un manche à balai et selon lui c'était dans ce sens-là qu'il fallait le prendre en cette occasion. Un de ses frères déclara avec humilité qu'il n'était pas de cet avis, à cause que l'épithète d'argent ne lui paraissait pas tout à fait applicable à un manche à balai ; il eut pour réponse que cette Épithète devait être entendue dans un sens mystérieux et allégorique ; mais il ne laissa pas d'objecter de nouveau, qu'il ne comprenait pas pourquoi son père leur aurait défendu de porter des manches à balai sur leurs habits, précaution inutile, et même impertinente ; son frère là-dessus prit un air grave et l'arrêta tout court comme un homme qui parlait avec irrévérence d'un mystère, qui sans doute était très significatif et très utile, mais dans lequel il n'était pas permis à la raison humaine de creuser trop avant. » Dr Swift, *op. cit.*

121. Talmud, Sanhédrin, 34 a.

122. Talmud, Baba Mafia, 59 b.

123. « Une grave et dangereuse erreur est celle de certains exégètes qui, se persuadant que chaque sens littéral cache un sens mystique, ont rempli leurs commentaires de sens mystiques tout à fait arbitraires. Il en est résulté que quelques théologiens, peu versés dans l'étude des Écritures, s'en rapportant à ces interprètes, se sont armés contre les incrédules et contre les protestants d'arguments

tirés de ces prétendus sens mystiques qui ne prouvaient rien. Par cette conduite inconsidérée, ils ont fait plus de mal que de bien, en fournissant aux ennemis de la religion un prétexte de dire que ce n'était que sur des semblables documents que les catholiques basaient leurs croyance. » J. Hermann Janssens, *op. cit.*

124. « L'honnêteté scintillante en la circonférence de vos personnes jugement certain me fait de la vertu latente au centre de vos esprits, et voyant la suavité melliflue de vos dissertes révérences, facilement me persuade le cœur votre ne pâtir vice aucun, ni aucune stérilité de savoir libéral et hautain, mais abonder en peregrines et rares disciplines, lesquelles à présent plus est facile, par les usages communs du vulgaire imperit, désirer que rencontrer. C'est la raison pourquoi je, dominante par le passé à toute affection privée, maintenant contenir ne me peux vous dire le mot trivial au monde, c'est que soyez les bien, les plus, les très que bien venus. » Le pauvre Pantagruel reste bouche bée devant ce discours de Dame Quinte Essence, qui même transcrit en français moderne reste tout aussi abscons. Rabelais, *Pantagruel*, Livre V.

125. Dr Swift, *Conte du Tonneau.*

126. J. Monod, *Le hasard et la nécesssité*, Seuil.

127. Dr Swift, *Les Voyages de Gulliver.*

128. L. Irigaray, *Speculum. De l'autre femme*, 1974.

129. A. de Musset, *Histoire d'un merle blanc*, 1852.

130. A. Godard, président d'HDM, cité par R. Alexandre, *l'Expansion*, été 1989.

131. P. Sollers, *Le Monde*, 18/2/1994.

132. P. Sollers, *Le Monde*, 14/10/1994.

133. P. Sollers, *ibid.*

134. P. Sollers, *Le Monde*, 25/6/1993.

135. M. Schneider, *Le Figaro*, 30/12/1999.

136. A. Duhamel, cité par *Le Monde*, 23/10/1999.

137. J.-M. T. Masson, *Voyeur devant L'Eternel. Le Monde*, 7/12/1993.

138. P. Sollers, *Le Monde*, 29/12/1995.

139. P. Sollers, *Le Monde*, 18/2/1994.

140. P. Sollers, *Le Monde*, *ibid*.

141. J. Derrida, *De la grammatologie*.

142. J. Savigneau, *Le Monde des livres*, 3/9/1999.

143. A. Sauvageot, *Figures de la publicité, figures du monde*, Paris, PUF, 1987.

144. P. Sollers, *Le Monde*, *ibid*.

145. P. Sollers, *Le Monde*, 12/4/1996.

146. L. Sterne, *Vie et opinions de Tristram Shandy*, édition 1982.

147. *Le Canard enchaîné*, 21/4 1937.

148. Matthieu, VII, 3.

149. Qui vise l'individu en tant que tel et non ses opinions. « Qui est M. de la Rocque ? Un descendant d'émigrés. Au contrôle de l'armée de Condé aux gages d'étrangers, ennemis de la Nation française on relèvera un de la Rocque, lieutenant-colonel du régiment d'Aquitaine [...] ». (Galtier-Boissière, *Le Canard enchaîné* du 24/7/1935). On n'est pas responsable de ses ascendants, ni en mal, ni d'ailleurs en bien. Et pan sur le bec ! M. de la Rocque était, avant-guerre, le dirigeant des Croix de feu, milices patriotiques et fascisantes, responsables, entre autres, des troubles du 6 février 1934.

150. M. Balinski, directeur du laboratoire d'économétrie de l'École Polytechnique, *Le Monde*, 28/8/1999.

151. Publicité ELF, *Le Monde*, 20/8/1999. Au sujet de la bataille entre ELF et Total pour savoir qui va absorber l'autre et comment.

152. *Le Monde*, 14/3/1991.

153. Cicéron, *De la Divination*, I.

154. P. Sollers, *Le Monde*, 19/4/1991.

155. Tacite, *Annales*, XI, LI.

156. Suétone, *Vie des Douze Césars*.

157. *Le Monde*, 23/12/1991.

158. R. Pandraud, ancien directeur de la police à propos de manifestations lycéennes, cité par *Le Monde*, 17/11/1990.

159. J.-P. Séguéla, *Le Monde*, 4/1/1994.

160. Publicité parue dans *Le Monde*, 18/2/1991.

161. J. Doyère, *Le Monde*, 30/7/1990.

162. B. Kouchner, *Le Figaro*, 12/3/1991.

163. *La Cause du peuple*, dir. J.-P. Sartre, 2/6/1970.

164. *Le Monde*, 11/4/1991.

165. *Le Monde*, 20/2/1991.

166. F. Chipaux, *Le Monde*, 10/1/2000.

167. Éditorial, *Le Monde*, 12-13/8/1999.

168. Cité par P. Boucher, *Le Monde*, 2/2/1991.

169. C. Dupeyron, *Le Monde*, 18/07/2000.

170. *L'Intransigeant*, 4 août 1914.

171. Courrier de lecteur, *Le Figaro*, 5/4/1991.

172. *Explications du Code Napoléon*, Paris, 1865.

173. *Femme actuelle*, n° 438, 15-21/2/1993.

174. « Il y a une illusion beaucoup plus absurde en soi, et qui est néanmoins très ordinaire : qui est de croire qu'un homme dit vrai, parce qu'il est de condition, qu'il est riche, ou élevé en dignité. [...] Il est certain que la complaisance et la flatterie ont beaucoup de part dans l'approbation que l'on donne aux actions et aux paroles

des personnes de condition [...] mais il est certain aussi qu'il y en a plusieurs qui approuvent tout ce que font les Grands par un abaissement intérieur de leur esprit qui plie sous le faix de la grandeur et qui n'a pas la vue assez ferme pour en soutenir l'éclat. La raison de cette tromperie vient de la corruption du cœur des hommes, qui ayant une passion ardente pour les honneurs et les plaisirs [...] jugent heureux ceux qui les possèdent ; et les jugeant heureux, on les place au-dessus de soi. [...] On leur donne une âme aussi élevée que leur rang, on se soumet à leurs opinions : et c'est la raison de la créance qu'ils trouvent ordinairement dans les affaires qu'ils traitent.» Arnaud et Nicolle, *op. cit*, III, XX, 7.

175. M. Cachin, *L'Humanité*, 6/8/1944.

176. *Oracles d'une Sibylle de la Chaussée d'Antin*, Paris, vers 1850.

177. Matthieu. XXII, 21.

178. Isaïe, XLV, 5.

179. K. Axelos, « Politique planétaire », *Esprit*, janv. 1958.

180. F. Rétif, *Libération*, 9/3/1999.

181. J.-P. Sartre, « L'Homme au magnétophone », *Les Temps Modernes*, avril 1969.

182. R. Debray, *Le Monde*, 10/9/1997.

183. J. Hermann Janssens, *op.cit.*

184. G. Petit, *Le Monde*, 20/5/1992.

185. B. Frappat, *Le Monde* TV, 7-13/10/1991.

186. *Le Nouvel Observateur*, 25/11/93.

187. G.-M. Benamou, *Le Monde* du 16/9/89.

188. *Le Monde*, 15/11/1990.

189. F. Barret-Ducrocq, *L'amour sous Victoria*.

190. P.H. Kolvenbach, Supérieur général des jésuites, *Le Monde*, 27/12/1994.

191. Appel à la nation française du Président de la République. *Le Petit Journal*, 2 août 1914.

192. A. Cohen, *Belle du Seigneur*, Gallimard.

193. B. Poirot-Delpech, *Le Monde*, 3/4/1991.

194. *ibid.*

195. *Le Figaro*, 3/4/1991.

196. Arnaud et Nicolle, *op. cit.*, III, XIX, 3.

197. *Le Monde*, 13/1/1990.

198. *ibid.*

199. *Le Monde*, 24/11/1990.

200. R. Sautier, *Le Monde*, 18/1/1990.

201. *Le Monde*, 6/5/1999.

202. R. Grindal, *Le Monde* 26/6/1991.

203. H. Tincq, *Le Monde*, 30/06/2000.

204. « La calomnie, Monsieur ? Vous ne savez guère ce que vous dédaignez ; j'ai vu les plus honnêtes gens près d'en être accablés. Croyez qu'il n'y a pas de conte absurde, qu'on ne fasse adopter aux oisifs d'une grande ville [...] D'abord un bruit léger, rasant le sol comme une hirondelle avant l'orage, pianissimo murmure et file, et sème en courant le trait empoisonné. Telle bouche le recueille, et piano, piano, vous le glisse en l'oreille adroitement. Le mal est fait, il germe, il rampe, il chemine, et rinforzando de bouche en bouche il va le diable ; puis tout à coup, ne sais comment, vous voyez calomnie se dresser, siffler, s'enfler, grandir à vue d'œil ; elle s'élance, étend son vol, tourbillonne, enveloppe, arrache, entraîne, éclate et tonne, et devient grâce au Ciel, un cri général, un crescendo public, un chorus universel de haine et de

proscription. Qui diable y résisterait ? » Beaumarchais, *Le Barbier de Séville*, II, 8.

205. *Le Monde*, 3/5/1989. Nous ne citons pas l'auteur malgré le paradoxe d'Erostrate.

206. *Le Monde*, 4-5/7/1999.

207. Dr Swift, *Conte du Tonneau*, La Haye, 1757.

208. Paul, *Actes*, II, 6.

209. Rabelais, *Pantagruel*, XIII.

210. *La Dépêche quotidienne d'Algérie*, 5/6/1958.

211. M.N., *Le Figaro* du 13/2/1991.

212. J. Chirac, *Le Monde*, 26/11/1990.

213. Delfeil de Ton, *Le Nouvel Observateur*, 24-30/11/1988.

214. *Le Monde*, 24-25/2/1991.

215. *Le Monde*, 25/11/1990.

216. Platon, *Gorgias*, 38.

217. *Le Monde*, 12/7/1990.

218. *Le Monde*, 7/12/1990.

219. Reporters sans frontières, *Le Monde*, 16/6/1999.

220. P. Clément, *Le Monde*, 27/10/1990.

221. *Le Canard enchaîné*, 2/10/1935.

222. *Le Monde*, 13/2/1991.

223. Pascal, *Les Provinciales*.

224. « Je ne l'ai point lu, me dit-il ; mais c'est un pamphlet, cela me suffit. Alors je lui demandai ce qu'est un pamphlet, et le sens de ce mot qui, sans m'être nouveau, avait besoin pour moi de quelque explication.

C'est répondit-il, un écrit de peu de pages comme le vôtre, d'une feuille ou deux seulement.

De trois feuilles, repris-je, serait-ce encore un pamphlet ?

Peut-être me dit-il, dans l'acception commune ; mais proprement parlant, le pamphlet n'a qu'une seule feuille ; deux ou plus font une brochure.

Et dix feuilles ? quinze feuilles ? vingt feuilles ?

Font un volume, dit-il, un ouvrage.

... Si au lieu de ce pamphlet..., j'eusse fait un volume, un ouvrage, l'auriez-vous condamné ?

Selon.

J'entends, vous l'eussiez lu d'abord pour voir s'il était condamnable.

Oui, je l'aurais examiné.

Mais le pamphlet vous ne le lisez pas ?

Non, parce que le pamphlet ne saurait être bon. Qui dit pamphlet, dit un écrit tout plein de poison.» P.-L. Courier, *Pamphlets politiques*.

225. J. Romains, *Knock*.

226. J.L. Nothias, *Le Monde* 13/6/1991.

227. M.-C. Decamps, *Le Monde*, 8-9/8/1999. À propos de l'éventuelle extradition du général Pinochet de l'Angleterre vers l'Espagne.

228. B. Pascal, *Les Provinciales*.

229. Ignace de Loyola, *Exercices spirituels*, édition 1861.

230. *Le Figaro*, 8/9/1944.

231. *Le Monde*, 31/3/1992.

232. *Le Monde*, 26/8/1989.

233. M. Kajman, *Le Monde*, 13-14/1/1991.

234. A. Touraine, *Le Monde*, 12/9/1992.

235. « - Venons aux religieux. Comme leur plus grande difficulté est en l'obéissance qu'ils doivent à leurs supérieurs, écoutez l'adoucissement qu'y apportent nos pères : il est hors de dispute, ... que le religieux qui a pour soi une opinion probable n'est point tenu d'obéir à son supérieur, quoique l'opinion du supérieur soit la plus probable ; car alors, il est permis au religieux d'embrasser celle qui est la plus agréable. Et encore que le commandement du supérieur soit juste, cela ne vous oblige pas de lui obéir : car il n'est pas juste de tous points et en toute matière ; et ainsi vous n'êtes engagé que probablement à lui obéir, et vous en êtes probablement dégagé.

– Certes, mon père, lui dis-je, on ne saurait trop estimer un si beau fruit de la double probabilité.

– Elle est de grand usage, me dit-il, mais abrégeons. » B. Pascal, *Les Provinciales*, quatrième lettre.

236. J.-N. Kapferer, *L'enfant et la publicité*, Paris, Dunod, 1985.

237. Cl. Lefort, *Nouvelle Revue de psychanalyse*, 1, 1970.

238. J.-J. Rousseau, *Du Contrat Social*.

239. *Le Monde*, 2/6/1989.

240. M. J. Sitruk, grand rabbin de France, *Le Monde*, 11/11/1989.

241. C. Lacroix, couturier, *Antenne 2*, le 15/3/1991.

242. Dr Swift, *Les Voyages de Gulliver*.

243. *Le Monde*, 5/3/1991.

244. *Le Monde*, 24/5/1989.

245. *Le Monde*, 29/7/1999.

246. R. Solé, *Le Monde*, 15-16/8/1999.

247. Pétition aux deux Chambres, 1816.

248. Beaumarchais, *Le Mariage de Figaro*, V, 3.

249. Cité par A. Llinarès, préface à *L'art bref* de R. Lulle, Cerf, 1991.

Mise en page : Florian Hue

N° d'éditeur : 4950

Dépôt légal : août 2014

Imprimé en Allemagne par BoD